DAS ULTIMATIVE FERIEN MITMACH BUCH

arsEdition

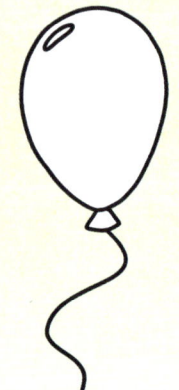

HURRA!
ENDLICH FERIEN!!!

Vor dir liegen wunderbare Tage, und egal ob du verreist
oder nicht, hast du auf einmal gaaanz viel Freizeit.

PUH – WENN DIR DA MAL NICHT LANGWEILIG WIRD!

Aber keine Sorge, genau deshalb hältst du eben dieses Buch
in deinen Händen! Hier stecken jede Menge Spiel, Spaß und
Beschäftigung drin, von Ausmalseiten über kreative
Bastelanleitungen und kniffelige Rätsel bis hin zu Spielideen
für dich alleine oder die ganze Familie!

Anhand der Fähnchen auf der Seite erkennst du ganz
schnell, was die Seite zu bieten hat.

Es gibt zehn Kategorien:
Spielen
Rätseln
Ausmalen
Handlettering
Ab nach draußen!
Sudoku
Quizzen
Experimentieren
Malen nach Zahlen
DIY (»Do it yourself« bedeutet so viel wie Selbermachen)

Blättere einfach durch das Buch und trenne dir
die Seite heraus, die du gerade machen willst!

VIEL SPASS!

SPIELEN

TIC TAC TOE

4 GEWINNT!

Alle Spielanleitungen findest du ganz hinten im Buch.

MONSTER - ABC

ABCDEFGHIJ
KLMNOPQ
RSTUVWXYZ

Diese Buchstaben sehen ganz schön **gruselig** aus, sind aber absolut **ungefährlich**.
Übe die Buchstaben hier. Auf der nächsten Seite kannst du eine monstermäßige
Botschaft schreiben.

NATUR-MURMELBAHN

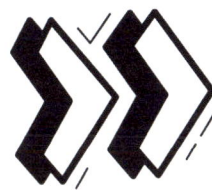

DU BRAUCHST:
Schätze aus der Natur (Eicheln, Stöcke, Steine, kleine Zapfen), Pappschachtel, ca. 20 x 30 cm, Bastelkleber, Murmel oder Holzkugel

Für diese lustige Natur-Murmelbahn ist Fantasie gefragt. Alle Schätze aus der Natur dürfen mitspielen. Entscheide, wo der Start und wo das Ziel sein soll. Lege dann alle Äste und Naturhindernisse zunächst zu einem Murmelparcours in die Schachtel. Dann klebst du alle Sachen der Reihe nach mit Bastelkleber in die Schachtel und lässt den Kleber gut trocknen.
Start und Ziel kannst du noch beschriften. Dann kann losgespielt werden: Lege eine Murmel oder Holzkugel auf den Startpunkt und versuche dann, durch Kippen der Schachtel die Kugel bis zum Ziel zu rollen.

Tipp: Wenn ihr gegeneinander spielen möchtet, könnt ihr die Zeit stoppen, die ihr dafür benötigt, die Kugel von der Start- bis über die Ziellinie zu rollen.

BLUMENBOMBEN

HIER KOMMT ECHTE FLOWER-POWER! MACH DIE WELT EIN BISSCHEN SCHÖNER.

DU BRAUCHST:

5 Becher Blumenerde, 5 Becher Heilerde (gibt's in der Drogerie), 1 Becher heimische Blumensamen, 1–2 Becher Wasser, 1 Schüssel, Zeitungspapier

Schütte Blumenerde, Heilerde und Blumensamen in eine **Schüssel.** Jetzt gibst du gerade so viel Wasser hinzu, dass eine gebundene **Masse** entsteht. Verknete alle Zutaten miteinander und forme walnussgroße **Kugeln** daraus. Lass sie für 1–2 Tage auf Zeitungspapier trocknen. Drehe sie alle paar **Stunden** ein wenig, damit sie gleichmäßig durchtrocknen.

Nun kannst du deine fertigen Blumenbomben auf Gartenrasen, Grünstreifen entlang der Straße, Verkehrsinseln oder auch in den Balkonkasten werfen, überall wo Blumen wachsen sollen. Am besten kurz bevor es regnet.

SUDOKU

1

	9	3	6		5	2	1	4
		5	3	7			8	
6	4	8	1	2		5	7	
		4		6	1	3	5	8
8			7	9	3			2
3	6	2		4				1
	1			5	2	9		6
	8		4	3	6	1	2	
2	3	6			7	8	4	

2

8		6	4		9	2	1	
		5		2		8		3
3	4		8	1			6	9
2		7	5	8			9	
5	6		2	7	1			8
	8				6	5		7
9	1		7	6	8	3	5	2
7	5	3		4	2	9	8	
6			9		3	1		4

_____ min

3

8		3			1	4	7	5
	7		8	9			3	6
6		1		3	4	8		
7			5		6		8	3
	6	4		8		7	5	1
	3		1		7		4	
		7	9	1		5		8
1	8			5		9		
9	2	5	6		8	3		4

4

9	1	4	2		8	3	5	
5			7			4		
7	2	3	4	9	5	6		1
3	7			6				2
	5	2	3	4		9		6
4			1					
6		9		1	3	2	7	8
		7			4		9	
2		5	8		9			4

_____ min

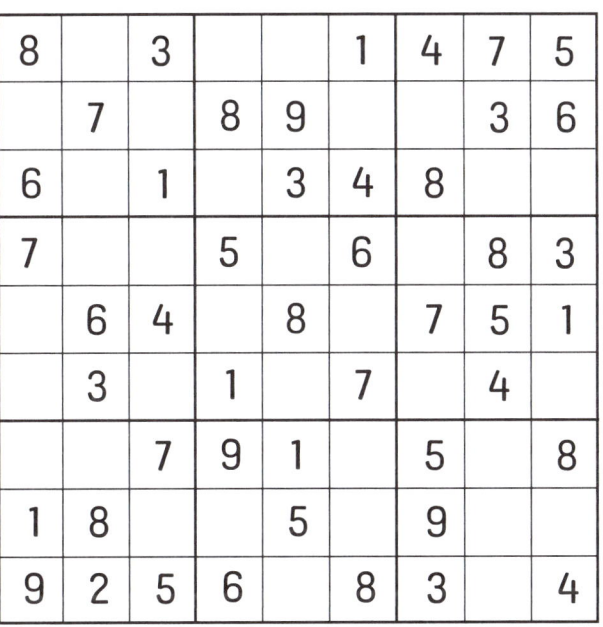

LÖSUNGEN

1

7	9	3	6	8	5	2	1	4
1	2	5	3	7	4	6	8	9
6	4	8	1	2	9	5	7	3
9	7	4	2	6	1	3	5	8
8	5	1	7	9	3	4	6	2
3	6	2	5	4	8	7	9	1
4	1	7	8	5	2	9	3	6
5	8	9	4	3	6	1	2	7
2	3	6	9	1	7	8	4	5

2

8	7	6	4	3	9	2	1	5
1	9	5	6	2	7	8	4	3
3	4	2	8	1	5	7	6	9
2	3	7	5	8	4	6	9	1
5	6	9	2	7	1	4	3	8
4	8	1	3	9	6	5	2	7
9	1	4	7	6	8	3	5	2
7	5	3	1	4	2	9	8	6
6	2	8	9	5	3	1	7	4

3

8	9	3	2	6	1	4	7	5
4	7	2	8	9	5	1	3	6
6	5	1	7	3	4	8	9	2
7	1	9	5	4	6	2	8	3
2	6	4	3	8	9	7	5	1
5	3	8	1	2	7	6	4	9
3	4	7	9	1	2	5	6	8
1	8	6	4	5	3	9	2	7
9	2	5	6	7	8	3	1	4

4

9	1	4	2	6	8	3	5	7
5	6	8	7	3	1	4	2	9
7	2	3	4	9	5	6	8	1
3	7	1	9	5	6	8	4	2
8	5	2	3	4	7	9	1	6
4	9	6	1	8	2	7	3	5
6	4	9	5	1	3	2	7	8
1	8	7	6	2	4	5	9	3
2	3	5	8	7	9	1	6	4

WELTALL UND WISSENSCHAFT

1. Was beginnt mit der Sommersonnenwende?

- a) Frühling
- b) Sommer
- c) Herbst
- d) Winter

2. Welches Vitamin wird von Wissenschaftlern Ascorbinsäure genannt?

- a) Vitamin A
- b) Vitamin C
- c) Vitamin D
- d) Vitamin E

3. Welche Farbe ist am äußeren Rand eines Regenbogens zu sehen?

- a) Rot
- b) Grün
- c) Blau
- d) Gelb

$\sqrt{25}$

4. Welchen Himmelskörper betrat Neil Armstrong 1969 als erster Mensch?

- a) Merkur
- b) Mars
- c) Venus
- d) Mond

5. Mit welcher Studie werden regelmäßig die Schulleistungen in verschiedenen Ländern verglichen?

- a) Rom
- b) Venedig
- c) Florenz
- d) Pisa

6. Was wächst um etwa einen Zentimeter pro Monat?

- a) Wimpern
- b) Zähne
- c) Kopfhaare
- d) Fingernägel

7. Welcher Planet unseres Sonnensystems ist am größten?

- a) Jupiter
- b) Venus
- c) Erde
- d) Neptun

8. Adam Ries war ein berühmter deutscher ...?

- a) Arzt
- b) Chemiker
- c) Historiker
- d) Mathematiker

9. Was hat der deutsche Physiker Wilhelm Conrad Röntgen entdeckt?

- a) Röntgentropfen
- b) Röntgenwellen
- c) Röntgentöne
- d) Röntgenstrahlen

10. Welcher Himmelskörper hat den Spitznamen »Roter Planet«?

- a) Saturn
- b) Sonne
- c) Mars
- d) Polarstern

11. Welches dieser Getränke enthält Koffein?

- a) Malzbier
- b) Kaffee
- c) Orangensaft
- d) Tafelwasser

12. Welcher Effekt trägt zur Erderwärmung bei?

- a) Treibhauseffekt
- b) Holzofeneffekt
- c) Brennspiegeleffekt
- d) Heizdeckeneffekt

LÖSUNGEN

1. Richtige Antwort: b)

Mit der Sommersonnenwende beginnt hierzulande der Sommer. Die Sommersonnenwende ist der Zeitpunkt, zu dem die Sonne zur Mittagszeit am höchsten steht. Dies kann entweder am 20., am 21. oder am 22. Juni der Fall sein. Mit der Wintersonnenwende beginnt hingegen der Winter – dann, wenn die Sonne zur Mittagszeit am niedrigsten steht.

2. Richtige Antwort: b)

Die Ascorbinsäure oder genauer die L-(+)-Ascorbinsäure wird auch Vitamin C genannt. Dieses Vitamin ist lebenswichtig. Ein Mangel an Vitamin C kann zur Krankheit Skorbut führen – an dieser Krankheit litten früher häufig Seefahrer, da sie keine frischen Lebensmittel zu sich nahmen. Als Frucht mit dem höchsten Gehalt an Vitamin C gilt die australische Buschpflaume.

3. Richtige Antwort: a)

Ein Regenbogen ist ein bogenförmiges Lichtband am Himmel, das immer die gleichen Farben zeigt. Von außen nach innen sind dies die Farben Rot, Orange, Gelb, Grün, Blau und Violett. Der Regenbogen entsteht, wenn sich die Sonnenstrahlen in den Regentropfen brechen.

4. Richtige Antwort: d)

Neil Armstrong lebte von 1930 bis 2012. Er war am 21. Juli 1969 der erste Mensch, der den Mond betrat. Er war Kommandant des Raumfluges Apollo 11, den er zusammen mit Buzz Aldrin und Michael Collins unternahm. Als er den Mond betrat, meinte er: »Das ist ein kleiner Schritt für einen Menschen, aber ein riesiger Sprung für die Menschheit.«

5. Richtige Antwort: d)

Die erste PISA-Studie wurde im Jahr 2000 durchgeführt. Seither werden alle drei Jahre Schüler auf der ganzen Welt in unterschiedlichen Bereichen getestet, nämlich in Mathematik, Naturwissenschaften und Leseverständnis. Dies ermöglicht es, in diesen Ländern die Fortschritte im Bereich Bildung zu vergleichen.

6. Richtige Antwort: c)

Die Kopfhaare wachsen etwa 0,3 bis 0,4 Millimeter pro Tag, also rund einen Zentimeter pro Monat. Am schnellsten wachsen die Haare von Asiaten. Dafür haben wir mehr Haare: Während es ein Europäer auf etwa 226 Haare pro Quadratzentimeter bringt, sind es bei einem Asiaten lediglich 175 Haare pro Quadratzentimeter.

7. Richtige Antwort: a)

Der Planet Jupiter wurde nach dem römischen Hauptgott benannt. Er ist, von der Sonne aus gesehen, der fünfte Planet in unserem Sonnensystem. Mit einem Durchmesser von 143 000 Kilometern ist er der größte Planet. Zum Vergleich: Die Erde hat einen Durchmesser von lediglich 12 700 Kilometern. Wäre die Erde so groß wie eine Kirsche, dann wäre der Jupiter ein größerer Apfel.

8. Richtige Antwort: d)

Vielleicht kennst du die Redewendung »Das macht nach Adam Riese ...«? Diese Redewendung bezieht sich auf den deutschen Mathematiker Adam Ries, der im 16. Jahrhundert wirkte. Adam Ries veröffentlichte drei Rechenbücher, zum Beispiel 1518 das Buch »Rechnung auff der linihen«.

9. Richtige Antwort: d)

Wilhelm Conrad Röntgen entdeckte am 8. November 1895 die Röntgenstrahlen. Dafür erhielt er im Jahr 1901 den allerersten Nobelpreis für Physik. Die Röntgenstrahlen werden auch heute noch in der Medizin eingesetzt, um den Körper zu durchleuchten. Eine andere Bezeichnung für die Röntgenstrahlen ist X-Strahlen (auf Englisch: x-rays).

10. Richtige Antwort: c)

Der Mars ist, von der Sonne aus gezählt, der vierte Planet in unserem Sonnensystem. Wegen seiner rötlichen Färbung wird er »Roter Planet« genannt. Seinen Namen hat der Rote Planet vom römischen Kriegsgott Mars. Er ist nach dem Merkur der zweitkleinste Planet in unserem Sonnensystem. Sein Durchmesser beträgt rund 6800 Kilometer. Es sind bereits bemannte Marsflüge in Planung.

11. Richtige Antwort: b)

Der Kaffee enthält nicht nur Koffein. Er ist auch der Namensgeber dieses chemischen Stoffes. Entdeckt wurde das Koffein 1819 von Friedlieb Ferdinand Runge. Koffein ist aber nicht nur in Kaffee enthalten, sondern zum Beispiel auch in Tee. Das Koffein, das im Tee vorkommt, wird auch als Tein bezeichnet.

12. Richtige Antwort: a)

Der Treibhauseffekt trägt zur Erderwärmung bei. Er wurde schon im Jahr 1824 entdeckt. Unter anderem trägt Kohlenstoffdioxid (CO_2) zum Treibhauseffekt bei. Grob gesagt bedeutet der Treibhauseffekt, dass die Wärme der Sonnenstrahlen zur Erde gelangt, diese Wärme aber nicht im gleichen Maße wieder abziehen kann.

LOVE YOUR LIFE

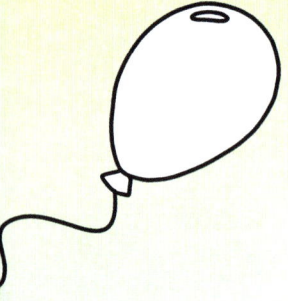

STADTSPAZIERGANG

GRUPPEN-SPIEL

Bei einem Spaziergang durch die Stadt gibt es viel zu zählen. Noch mehr Spaß macht es, wenn man vorher schätzt: Schreibt zu Hause auf, wie viele ihr glaubt, von den Dingen zu sehen.

Macht hier unterwegs Striche und vergleicht am Ende des Spaziergangs, ob ihr richtiggelegen habt.

BEISPIEL:

9	7
IIII	

ABC-SPAZIERGANG

GRUPPEN-SPIEL

Versucht auf eurem Spaziergang, nacheinander
Dinge zu entdecken, deren Anfangsbuchstaben
der Reihenfolge des Alphabets entsprechen.
Also erst etwas mit A, dann mit B usw.
Schwierige Buchstaben könnt ihr natürlich überspringen.

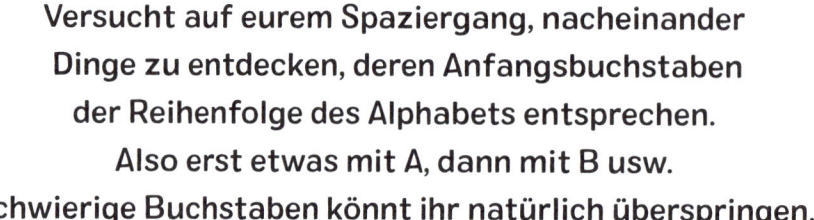

ICH SEHE WAS, WAS DU NICHT SIEHST

Das Spiel »Ich sehe was, was du nicht siehst« könnt ihr
prima unterwegs bei einem Spaziergang spielen.
Ihr braucht keinerlei Sachen dafür und könnt direkt
loslegen. Eine Person sagt z. B.: »Ich sehe was, was du nicht
siehst, und das ist rot.«
Die anderen raten nun, was um sie herum rot ist, z. B.
das Schild, das Auto, die Ampel usw. Wer das richtige Ding
erraten hat, ist als Nächster an der Reihe.

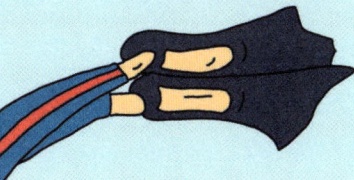

RÄTSELN

Entdeckst du im Buchstabengitter
waagerecht von links nach rechts
und von rechts nach links oder auch senkrecht
zehn Dinge, die man gerne in der Ferienzeit macht?

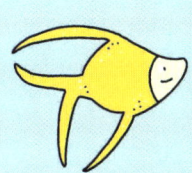

A	D	L	K	E	U	S	V	T	F
S	C	H	W	I	M	M	E	N	A
I	L	N	E	D	A	B	R	S	U
B	F	A	R	O	K	I	R	E	L
A	P	E	N	L	E	S	E	N	E
S	P	I	E	L	E	N	I	U	N
T	J	A	N	S	R	I	S	T	Z
E	D	U	N	M	A	L	E	N	E
L	F	G	O	I	L	U	N	B	N
N	N	E	S	S	E	S	I	E	Z

LÖSUNG

A	D	L	K	E	U	S	V	T	F
S	C	H	W	I	M	M	E	N	A
I	L	N	E	D	A	B	R	S	U
B	F	A	R	O	K	I	R	E	L
A	P	E	N	L	E	S	E	N	E
S	P	I	E	L	E	N	I	U	N
T	J	A	N	S	R	I	S	T	Z
E	D	U	N	M	A	L	E	N	E
L	F	G	O	I	L	U	N	B	N
N	N	E	S	S	E	S	I	E	Z

TRINK-CHALLENGE

DU BRAUCHST:
6 Gläser, Zitronensaft, Essig, Milch,
Limonade oder Himbeersirup,
Pfefferminztee, Tomatensaft

Fülle alle Gläser mit Wasser. In das erste Glas gibst du
zusätzlich etwas Zitronensaft, in das zweite einen
Spritzer Essig, das dritte füllst du mit Milch auf, das
vierte mit Limonade oder Himbeersirup, das fünfte
mit Pfefferminztee und das sechste Glas mit Tomatensaft.
Verbinde der mutigen Testperson die Augen mit einem
Tuch und lass sie nacheinander die verschiedenen Getränke
kosten. Schmeckt die Person heraus, was sie da trinkt?

**HUI ... WER TRAUT SICH,
DIESE KLEINE GESCHMACKS-
CHALLENGE MITZUMACHEN?**

GEHEIMTINTE

DU BRAUCHST:
Zitrone, Saftpresse, Zahnstocher oder dünnen Pinsel, Blatt Papier

Nimm dir eine **Zitrone** und presse sie aus. Tauche einen Zahnstocher in den Saft oder schreibe mit einem sauberen, dünnen Pinsel deine Nachricht auf ein Blatt Papier. Wenn der Saft getrocknet ist, verschwindet die **Geheimschrift** fast ganz. Der **Empfänger** deiner geheimen Botschaft kann sie lesen, wenn er das Blatt vorsichtig mit einem Bügeleisen bügelt oder vor eine starke Glühbirne hält.

Natürlich kann man in Geheimschrift schreiben, um geheime Botschaften zu übermitteln. Aber es ist auch toll, wenn du mit unsichtbarer Schreibflüssigkeit schreibst.

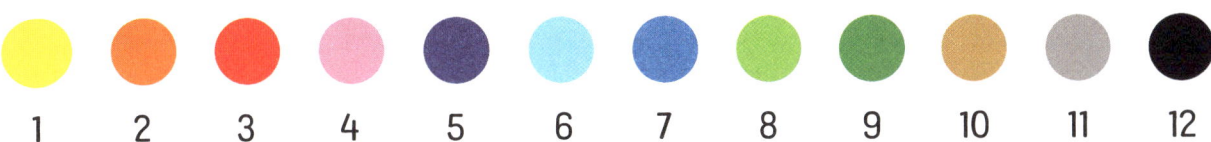

AUSMALEN

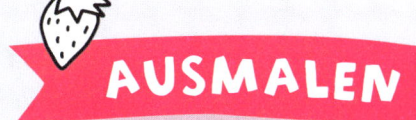

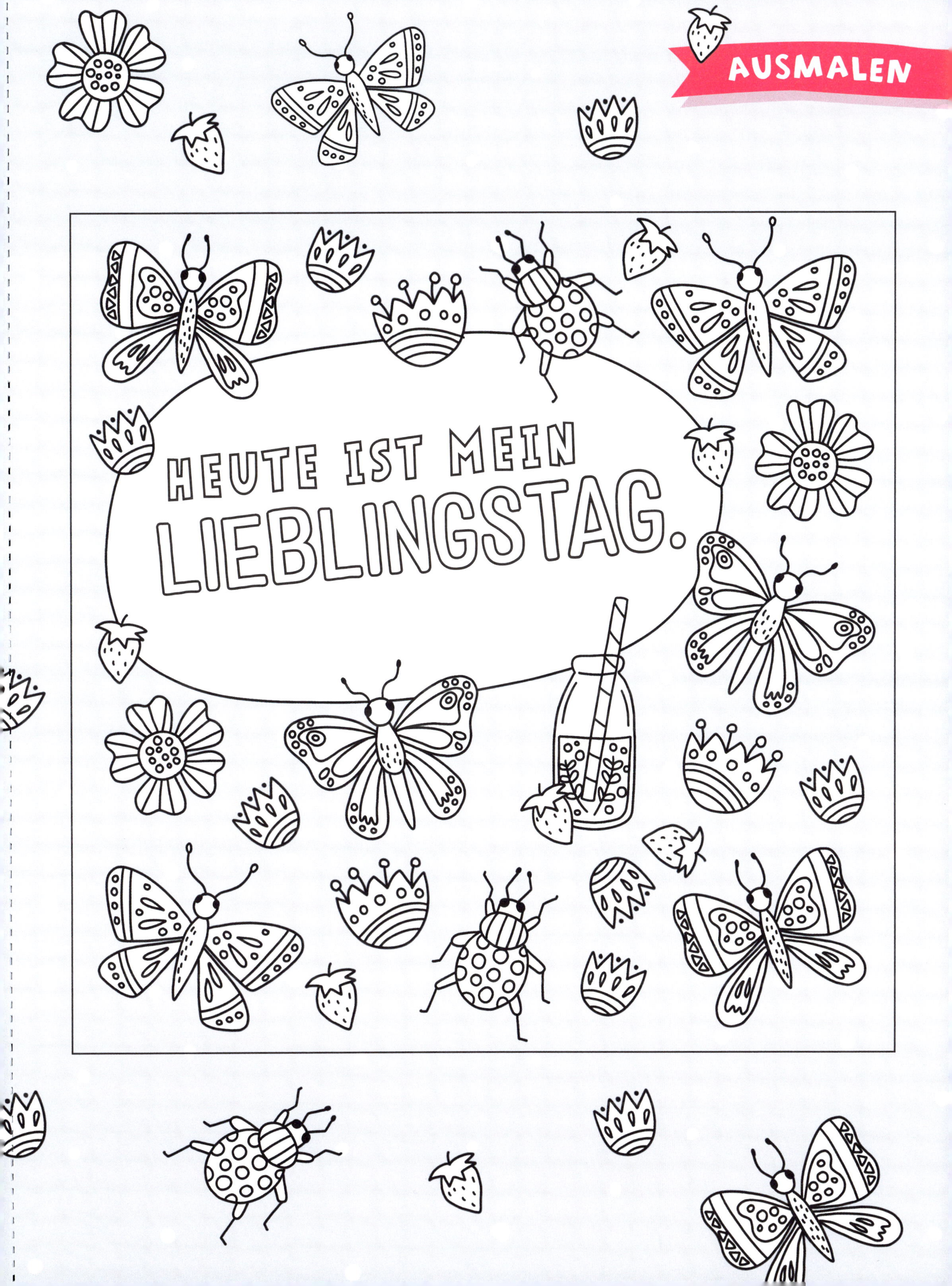
HEUTE IST MEIN
LIEBLINGSTAG.

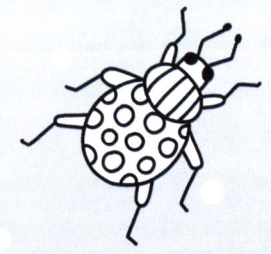

MÜLL-SUPERHELD

SUPERHELDENMÄSSIG GUTES TUN KANN RICHTIG SPASS MACHEN!

DU BRAUCHST:
Handschuhe, Säcke oder Eimer, feste Schuhe

Wie wäre es, wenn du heute einmal etwas wirklich Sinnvolles machst und den Müll-Superhelden spielst? Kümmere dich darum, dass z. B. dein Lieblingsspielplatz oder -park von herumliegendem Müll befreit wird. Sammle ihn ein und entsorge ihn! Das sieht schöner aus und schont die Umwelt, da der Plastikmüll so nicht jahrhundertelang vor sich hin modert und Tiere oder Kleinstlebewesen vergiftet. Vielleicht kannst du ja ein paar deiner Freunde motivieren mitzumachen!

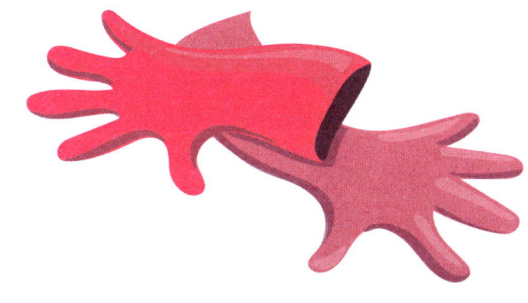

SCHWAMMBOMBEN-ALARM

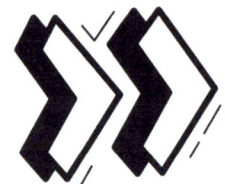

DU BRAUCHST:
Schwammtücher in verschiedenen Farben, Moosgummi in Weiß und Schwarz, Schere, Alleskleber, Baumwollschnur

Für ein Schwamm-Monster schneidest du aus einem Schwammtuch ca. 15 Streifen (2 × 12 cm) zurecht und legst sie übereinander. Schneide ein Stück Baumwollschnur ab, lege es mittig um den Stapel Schwammstreifen und knote das Bündel schön fest zusammen. Für die Augen schneidest du weiße und schwarze Kreise aus Moosgummi aus, klebst sie auf und wartest, bis der Kleber richtig gut getrocknet ist. Jetzt kannst du die Schwammbomben in Wasser tauchen, bis sie sich vollgesogen haben. Dann – zack! – steht einer kleinen Wasserschlacht nichts mehr im Wege.

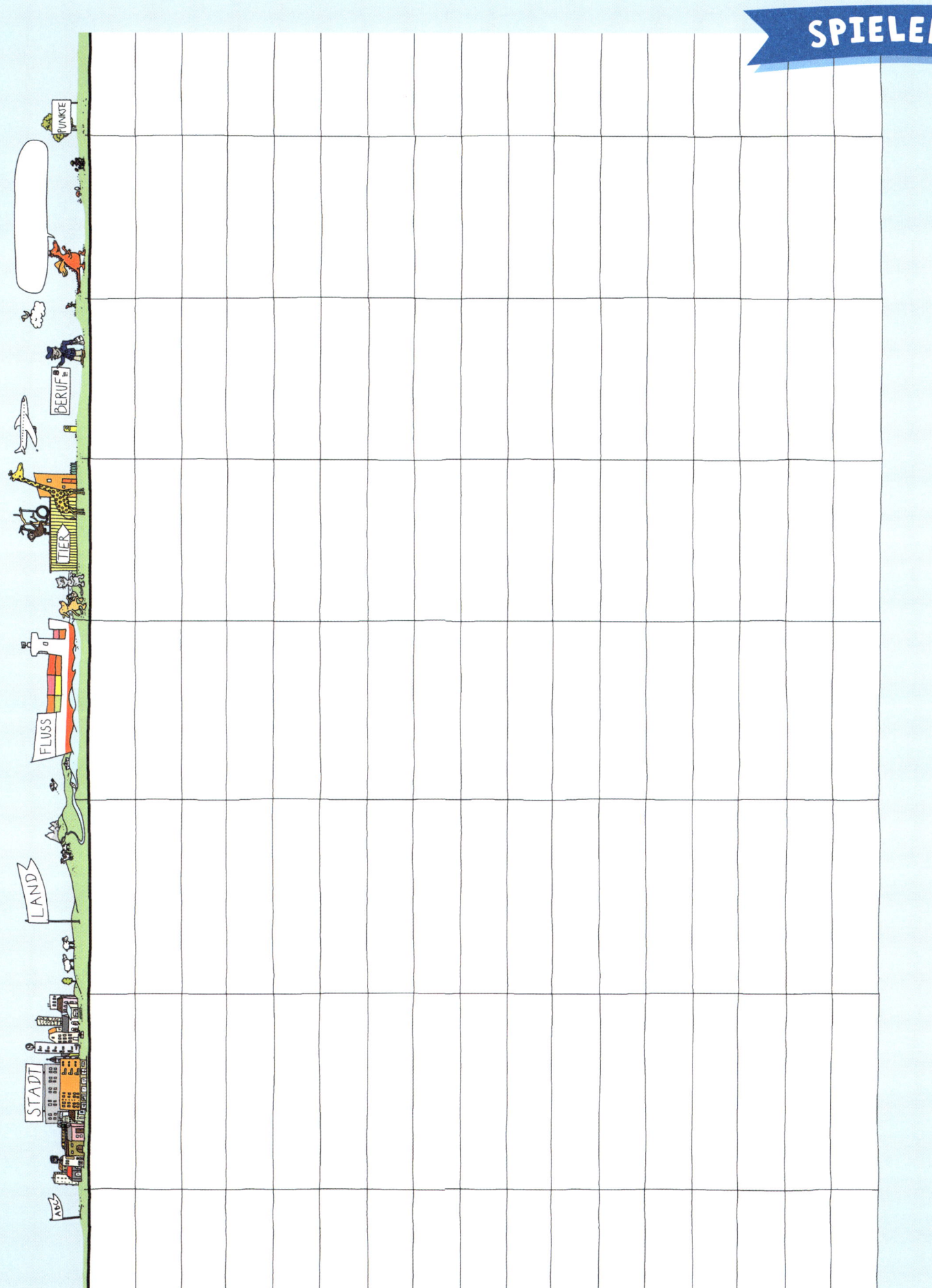

Alle Spielanleitungen findest du ganz hinten im Buch.

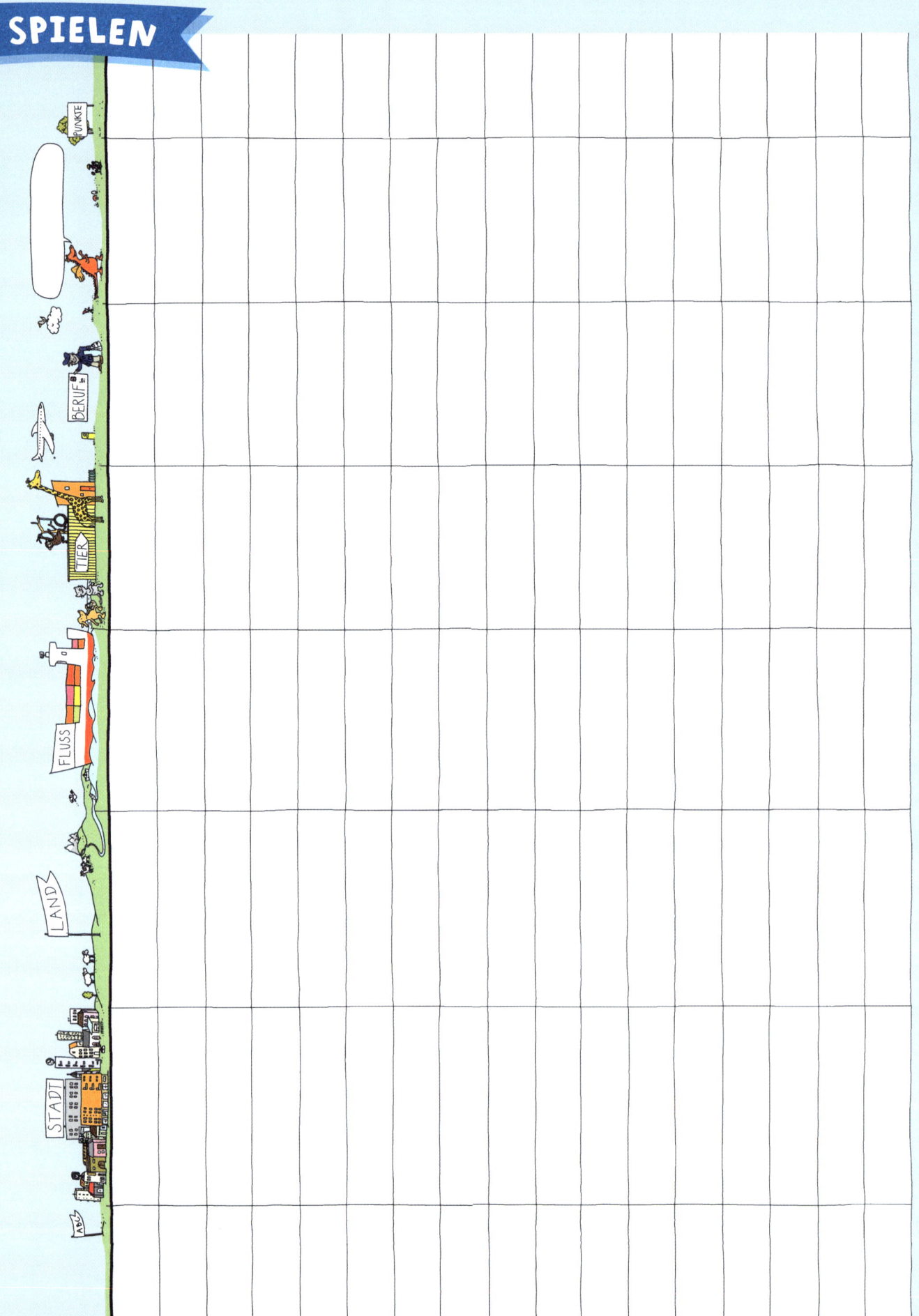

Alle Spielanleitungen findest du ganz hinten im Buch.

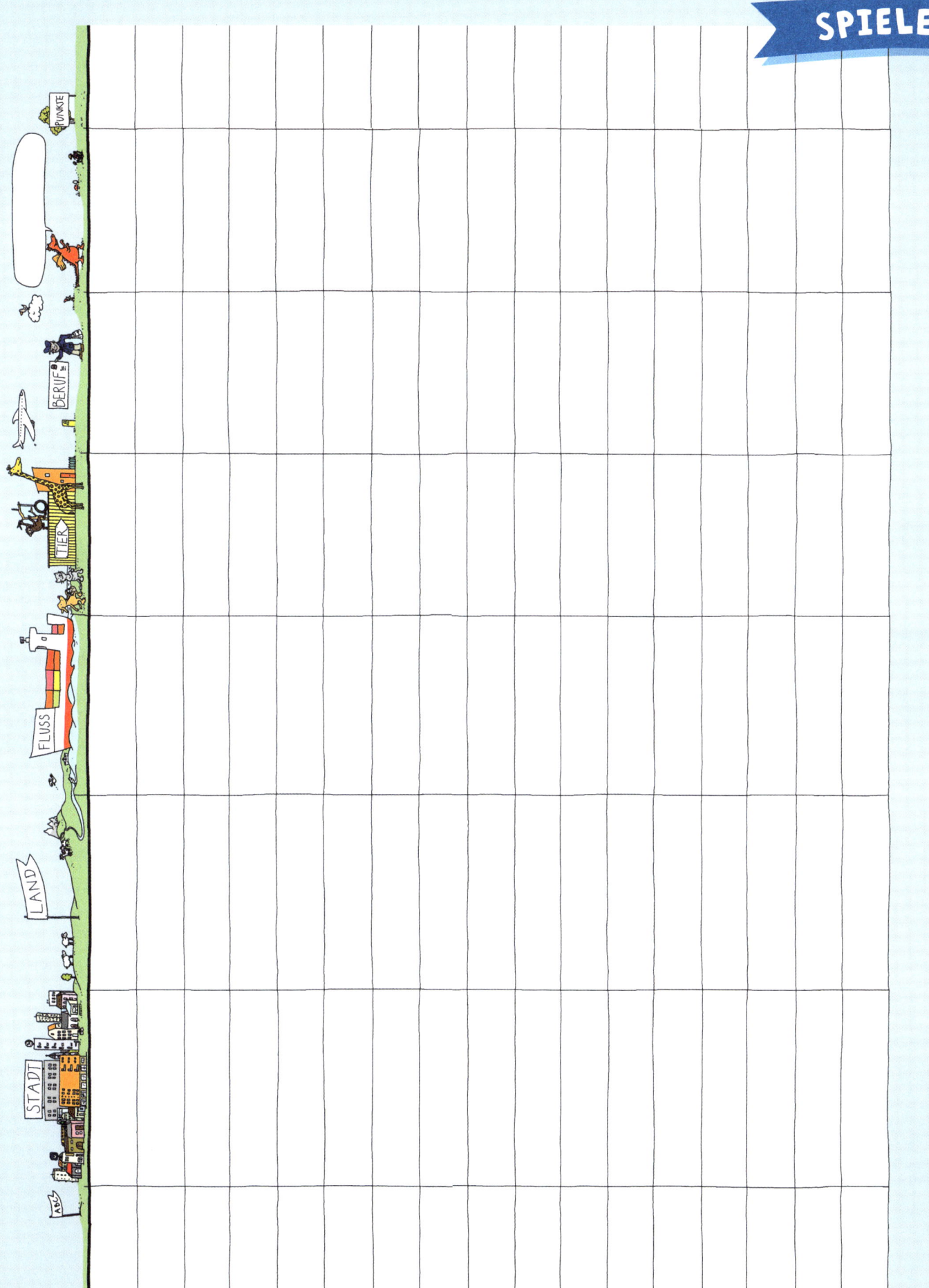

PUNKTE

BERUF

TIER

FLUSS

LAND

STADT

ABC

Alle Spielanleitungen findest du ganz hinten im Buch.

SPIELEN

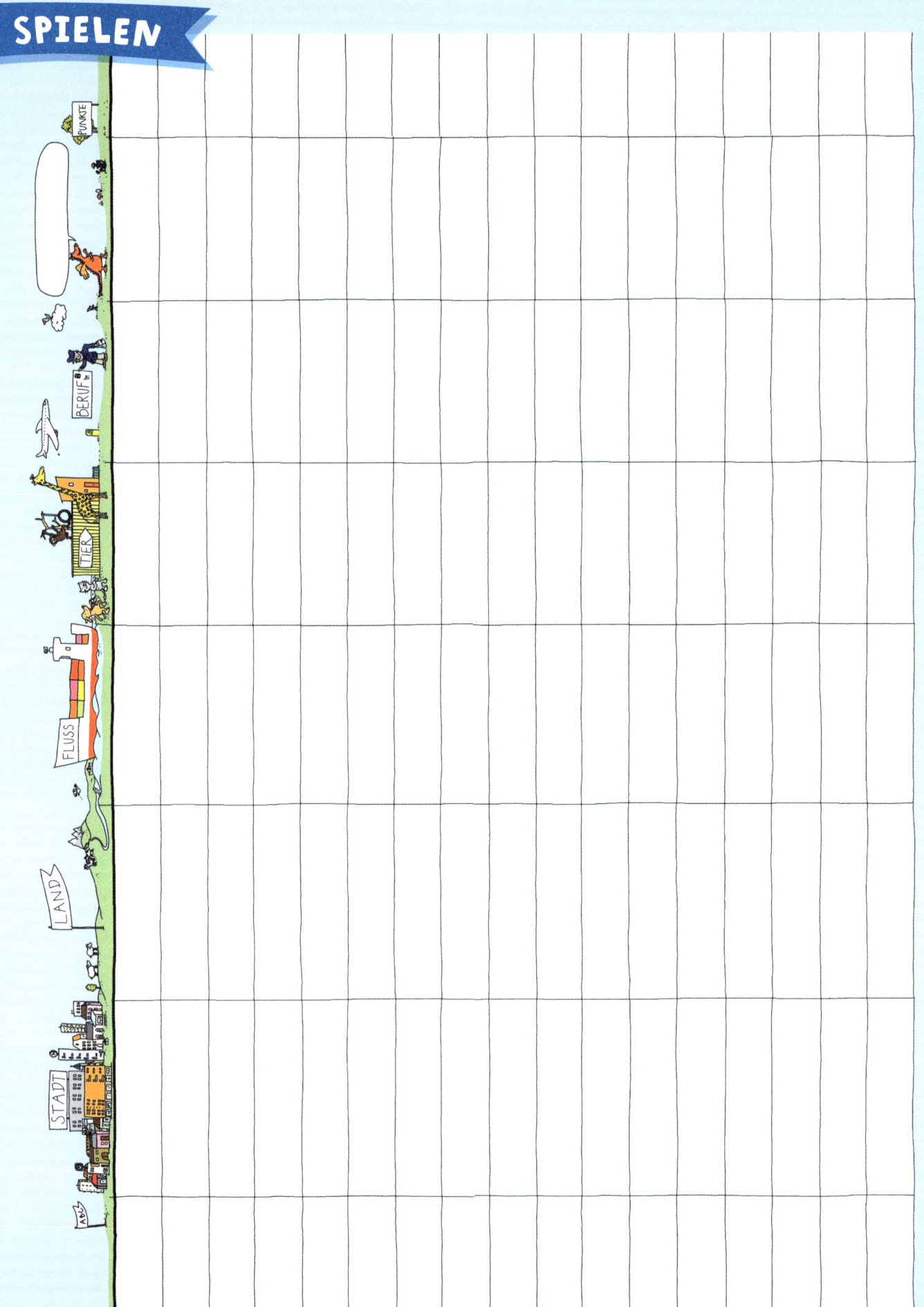

Alle Spielanleitungen findest du ganz hinten im Buch.

AUF DER WIESE

**Was kannst du entdecken?
Kreuze an!**

○ Biene

○ Ameise

○ Gänseblümchen

○ Grashüpfer

○ Blatt

○ Schmetterling

○ Gras

○ Wiesenklee

○ Hasenköttel

○ Käfer

○ Stein

○ Samen

○ Kleeblatt

○ Raupe

Tipp: Nimm die schönsten Blumen mit nach Hause und presse sie in dicken Büchern. Damit kann man tolle Karten basteln.

BLUMENKETTEN BASTELN

Mit Wiesenblumen wie Klee, Gänseblümchen oder Margeriten lassen sich tolle Blumenketten binden, die man um den Hals, am Handgelenk oder auf dem Kopf tragen kann. Dafür nimmt man seinen Daumennagel und macht längliche Löcher in die Stiele. Durch diese fädelt man den Stiel der nächsten Blüte und so geht es weiter, bis die gewünschte Länge der Kette erreicht ist. Als Verschluss fädelt man das Köpfchen der ersten Blume durch das letzte Loch. Fertig!

? HENNE ODER HAHN?

Das ist die Frage, wenn man das lustige Ratespiel mit Wiesengräsern spielt. Man fragt und streift anschließend die Rispe nach oben ab. Bildet sich ein etwa gleich hohes Büschel, ist es eine Henne, ansonsten ein Hahn.

SPORT UND SPIEL

1. Wo wurden 1896 die ersten Olympischen Spiele der Neuzeit ausgetragen?

- a) Athen
- b) Los Angeles
- c) Moskau
- d) Madrid

2. In welcher Sportart gibt es den Tiebreak?

- a) Basketball
- b) Golf
- c) Tennis
- d) Eishockey

3. Mit welchem Fußballverein gewann Jürgen Klopp 2019 in der Champions League?

- a) Real Madrid
- b) FC Bayern München
- c) Juventus Turin
- d) FC Liverpool

4. Welches Spiel wurde 2019 zum Spiel des Jahres gekürt?

- a) Scotland Yard
- b) Hase und Igel
- c) Die Siedler von Catan
- d) Sky Team

5. Welches Ballspiel wird mit einem Federball gespielt?

- a) Cricket
- b) Badminton
- c) Squash
- d) Lacrosse

6. Wie nennt man eine Wettfahrt auf dem Wasser?

- a) Regatta
- b) Armada
- c) Barkasse
- d) Galeone

7. Wer wurde 2019 bereits zum sechsten Mal »Weltfußballer des Jahres«?

- a) Mohamed Salah
- b) Lionel Messi
- c) Virgil van Dijk
- d) Cristiano Ronaldo

8. Was zählt neben dem Schwimmen und Laufen zu einem Triathlon?

- a) Speerwurf
- b) Kugelstoßen
- c) Radfahren
- d) Weitsprung

9. Bei welchem Spiel gibt es unter anderem Türme und Läufer?

- a) Schach
- b) Halma
- c) Dame
- d) Backgammon

10. Was wird auf dem Eis gespielt?

- a) Snooker
- b) Curling
- c) Darts
- d) Boccia

11. In welchem Land wurde die Fußball-Weltmeisterschaft 2018 ausgetragen?

- a) Frankreich
- b) Südafrika
- c) Brasilien
- d) Russland

12. In welcher Sportart gibt es den »Super Bowl«?

- a) Basketball
- b) Baseball
- c) Bowling
- d) American Football

LÖSUNGEN

1. Richtige Antwort: a)

Die Olympischen Spiele wurden in der Antike in den Jahren von 776 bis 393 vor Christus abgehalten. Im 19. Jahrhundert hatte unter anderem der französische Baron Pierre de Coubertin die Idee, auch in der Neuzeit Olympische Spiele auszutragen. Die ersten fanden 1896 in Athen statt. Damals nahmen nur 241 Athleten aus 14 Ländern teil. Zum Vergleich: 2016 in Rio de Janeiro waren es 11 238 Athleten aus 207 Ländern.

2. Richtige Antwort: c)

Den Tiebreak gibt es beim Tennisspiel. Steht es in einem Satz 6 zu 6, so wird durch den Tiebreak entschieden, wer den Satz mit 7 zu 6 gewinnt. Um einen Tiebreak zu gewinnen, muss ein Tennisspieler mindestens sieben Punkte erreichen und er muss gleichzeitig zwei Punkte Vorsprung zum Gegner haben.

3. Richtige Antwort: d)

Der deutsche Fußballtrainer Jürgen Klopp wurde 2015 zum Trainer des englischen Vereins FC Liverpool ernannt. 2019 gewann er mit diesem Verein die Champions League. Seine Mannschaft setzte sich im Finale dieses Turniers gegen Tottenham Hotspur durch. Für seinen Erfolg wurde Jürgen Klopp im selben Jahr zum FIFA-Trainer des Jahres gewählt.

4. Richtige Antwort: d)

Das erste Spiel des Jahres war 1979 »Hase und Igel«. Der Gewinner im Jahr 2024 war das Spiel »Sky Team« von Luc Rémond, das ab einem Alter von 10 Jahren empfohlen wird.

5. Richtige Antwort: b)

Das Badminton-Spiel wird mit Schlägern und einem Federball gespielt. Es stammt ursprünglich aus Indien. Seinen Namen hat das Spiel vom Landsitz Badminton House des Duke of Beaufort. Dort wurde das Spiel im Jahr 1872 von einem britischen Soldaten vorgestellt, der es aus Indien mitgebracht hatte.

6. Richtige Antwort: a)

Eine Wettfahrt auf dem Wasser wird Regatta genannt. Ursprünglich waren damit nur Gondelwettfahrten in Venedig gemeint. Doch heute gibt es auch Regatten unter anderem beim Segeln, beim Rudern und beim Windsurfen. Eine bekannte Segelregatta ist zum Beispiel der »America's Cup«, der bereits seit 1851 ausgetragen wird, damals allerdings noch unter dem Namen »100 Sovereign Cup«.

7. Richtige Antwort: b)

Lionel Messi ist ein argentinischer Fußballspieler, der aber in Spanien lebt und auch die spanische Staatsangehörigkeit hat. 2019 wurde der 1987 geborene Fußballspieler schon zum sechsten Mal zum Weltfußballer des Jahres gewählt. Er spielt bereits seit seiner frühen Jugend beim spanischen Verein FC Barcelona.

8. Richtige Antwort: c)

Ein Triathlon besteht aus den Disziplinen Schwimmen, Radfahren und Laufen. Ein sehr bekannter Triathlon ist der »Ironman Hawaii«. Dort müssen die Sportler zunächst 3,86 Kilometer schwimmen, dann 180,2 Kilometer Rad fahren und schließlich noch 42,195 Kilometer laufen. 2019 gewannen den Ironman Hawaii zwei Deutsche, nämlich Jan Frodeno bei den Männern und Anne Haug bei den Frauen.

9. Richtige Antwort: a)

Türme und Läufer sind Spielfiguren beim Schach – neben König, Dame, Springer und Bauer. Das Schachspiel kam im Mittelalter durch die Eroberungen der Araber nach Europa. Weltmeister im Schach ist der Norweger Magnus Carlsen, der 1990 geboren wurde. Carlsen war schon im Alter von 13 Jahren Schach-Großmeister.

10. Richtige Antwort: b)

Das Curling ist eine Wintersportart, die auf dem Eis gespielt wird. Bei dieser Sportart versuchen zwei Mannschaften, ihre Curling-Steine möglichst nah an den Mittelpunkt des Zielkreises gleiten zu lassen und die Curling-Steine der Gegner vom Zielkreis wegzuschießen. Das Curling stammt ursprünglich aus Schottland.

11. Richtige Antwort: d)

Die Fußball-Weltmeisterschaft 2018 wurde in Russland ausgetragen. Weltmeister wurde Frankreich, das im Finale Kroatien besiegte. Deutschland ist hingegen zum ersten Mal bei einer Weltmeisterschaft bereits nach der Gruppenphase ausgeschieden. Zum besten Spieler des Turniers wurde der Kroate Luka Modrić gewählt.

12. Richtige Antwort: d)

Der »Super Bowl« ist das Finale der US-amerikanischen American-Football-Liga. Er wird seit 1967 jährlich ausgetragen. Die nächsten Super Bowls finden jeweils am ersten Sonntag im Februar statt, und zwar an wechselnden Orten. Beim Super Bowl am 9. Februar 2025 besiegten die Philadelphia Eagles die Kansas City Chiefs mit 40 : 22 im Caesars Superdome in New Orleans.

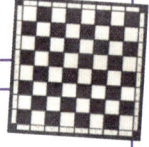

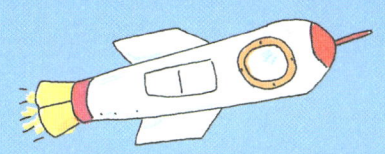

WOLKEN-ABC

A B C D E F G

H I J K L M N

O P Q R S T

U V W X Y Z

Leg dich mal in die Wiese und schau in den Himmel. Erkennst du Buchstaben wie hier in den Wolken? Übe das Wolken-ABC und schreibe eine fluffige Nachricht auf die nächste Seite.

U ....

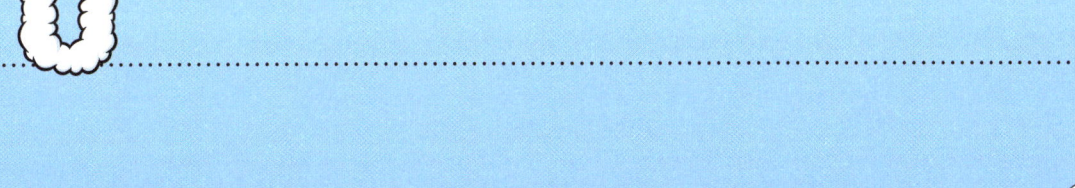

F ....

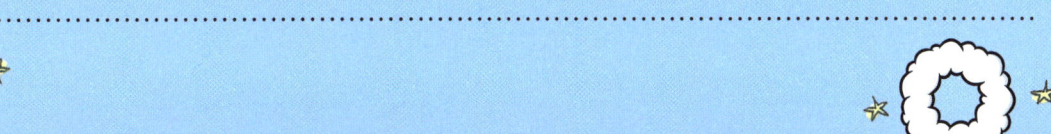

O

S R

T

1

5		2	4	8		9	7	3
6	7		2		1	5	4	
	4	3	5		7	2		
	3			1	8			6
	9	1		6		8	2	5
4			9	5			1	
1		7	8	2	9	6	3	
		6	1		5		8	9
	8	4		7	3		5	2

_____min

2

	1	7		4	3	6	8	9
		4			6			
3		5	7	8			2	4
5	9		3	7		2	4	
	7			6			5	
	2	6		5	1		3	
7	4			3	5	8	1	2
	5		8			4		
1	3	8	4	9			6	7

_____min

3

4	8	3			6			2
	2	6		3		8	9	1
1			8	2		4		
	5			1	2	3		9
	6			8			2	7
2		8	9	7			4	
9		1			8			3
8	7		3	6	9		1	
6			7			9	5	8

_____min

4

1	3			5	4		6	8
6	9	5		8	7	3		4
		4	6	3		9		2
4		9	7				3	1
	1		4	6	5	2	9	7
2	7	6				8		
8		7		9	3	1	2	
9			8	4		5	7	3
5	2		1		6			9

_____min

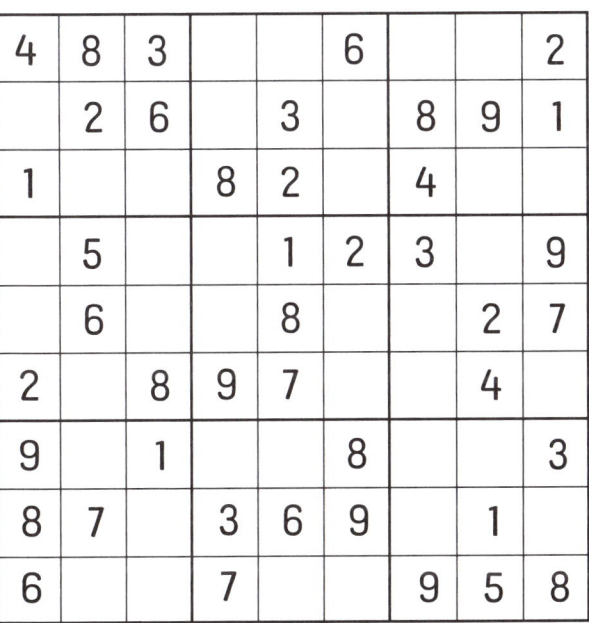

LÖSUNGEN

1

5	1	2	4	8	6	9	7	3
6	7	9	2	3	1	5	4	8
8	4	3	5	9	7	2	6	1
2	3	5	7	1	8	4	9	6
7	9	1	3	6	4	8	2	5
4	6	8	9	5	2	3	1	7
1	5	7	8	2	9	6	3	4
3	2	6	1	4	5	7	8	9
9	8	4	6	7	3	1	5	2

2

2	1	7	5	4	3	6	8	9
9	8	4	1	2	6	3	7	5
3	6	5	7	8	9	1	2	4
5	9	1	3	7	8	2	4	6
8	7	3	2	6	4	9	5	1
4	2	6	9	5	1	7	3	8
7	4	9	6	3	5	8	1	2
6	5	2	8	1	7	4	9	3
1	3	8	4	9	2	5	6	7

3

4	8	3	1	9	6	5	7	2
5	2	6	4	3	7	8	9	1
1	9	7	8	2	5	4	3	6
7	5	4	6	1	2	3	8	9
3	6	9	5	8	4	1	2	7
2	1	8	9	7	3	6	4	5
9	4	1	2	5	8	7	6	3
8	7	5	3	6	9	2	1	4
6	3	2	7	4	1	9	5	8

4

1	3	2	9	5	4	7	6	8
6	9	5	2	8	7	3	1	4
7	8	4	6	3	1	9	5	2
4	5	9	7	2	8	6	3	1
3	1	8	4	6	5	2	9	7
2	7	6	3	1	9	8	4	5
8	4	7	5	9	3	1	2	6
9	6	1	8	4	2	5	7	3
5	2	3	1	7	6	4	8	9

SÜSSIGKEITEN-MEMO

DU BRAUCHST:
Pappbecher, je 2 identische Süßigkeiten

Für das Spiel benötigst du eine gerade Anzahl an **Pappbechern** und immer zwei identische Süßigkeiten, z. B. zwei Gummibärchen, zwei Kaubonbons etc. Bestimme eine Person, die das Spiel leitet. Diese Person mischt die Süßigkeiten und versteckt sie unter den Bechern. Nun kann das **Memo-Spiel** beginnen! Ziel des Spiels ist es, durch Aufdecken von jeweils zwei Bechern identische **Süßigkeiten** zu finden – genau wie beim Memo. Die Person, die dran ist, darf zwei Becher aufdecken. Hat sie kein Paar gefunden, werden die Becher wieder zurückgestellt und die nächste Person ist an der Reihe. Wer zwei identische Süßigkeiten gefunden hat, darf sie behalten. **Leere Pappbecher** könnt ihr ruhig auf dem Spielfeld stehen lassen, um die Schwierigkeit des Spiels ein wenig zu erhöhen.

WER BIN ICH?

DU BRAUCHST:
Stifte, Zettel,
Klebeband

Jede Person beschriftet einen Zettel mit einem zu er-
ratenden Namen und befestigt diesen mit Klebeband
so auf der Stirn einer anderen Person, dass diese den Zettel
nicht lesen kann. Ihr könnt beispielsweise Namen
von Stars aus Film und Fernsehen, Politikern oder
Zeichentrickfiguren aufschreiben. Ziel jeder Person ist es,
durch kluge Fragestellungen zu erraten wer sie ist. Wenn
die erste Frage z. B. lautet: »Bin ich ein Mann?« und die
Antwort ist »Ja«, darf die fragende Person erneut raten.
Wenn die Antwort auf eine Frage »Nein« lautet, ist die
nächste Person an der Reihe. Das Spielende ist erreicht,
wenn alle erraten haben, wer sie sind.

TIPP: Für eine andere Version
des Spiels könnt ihr z. B. auch Tiere
oder Sachgegenstände wie etwa
»Waschmaschine« benutzen.

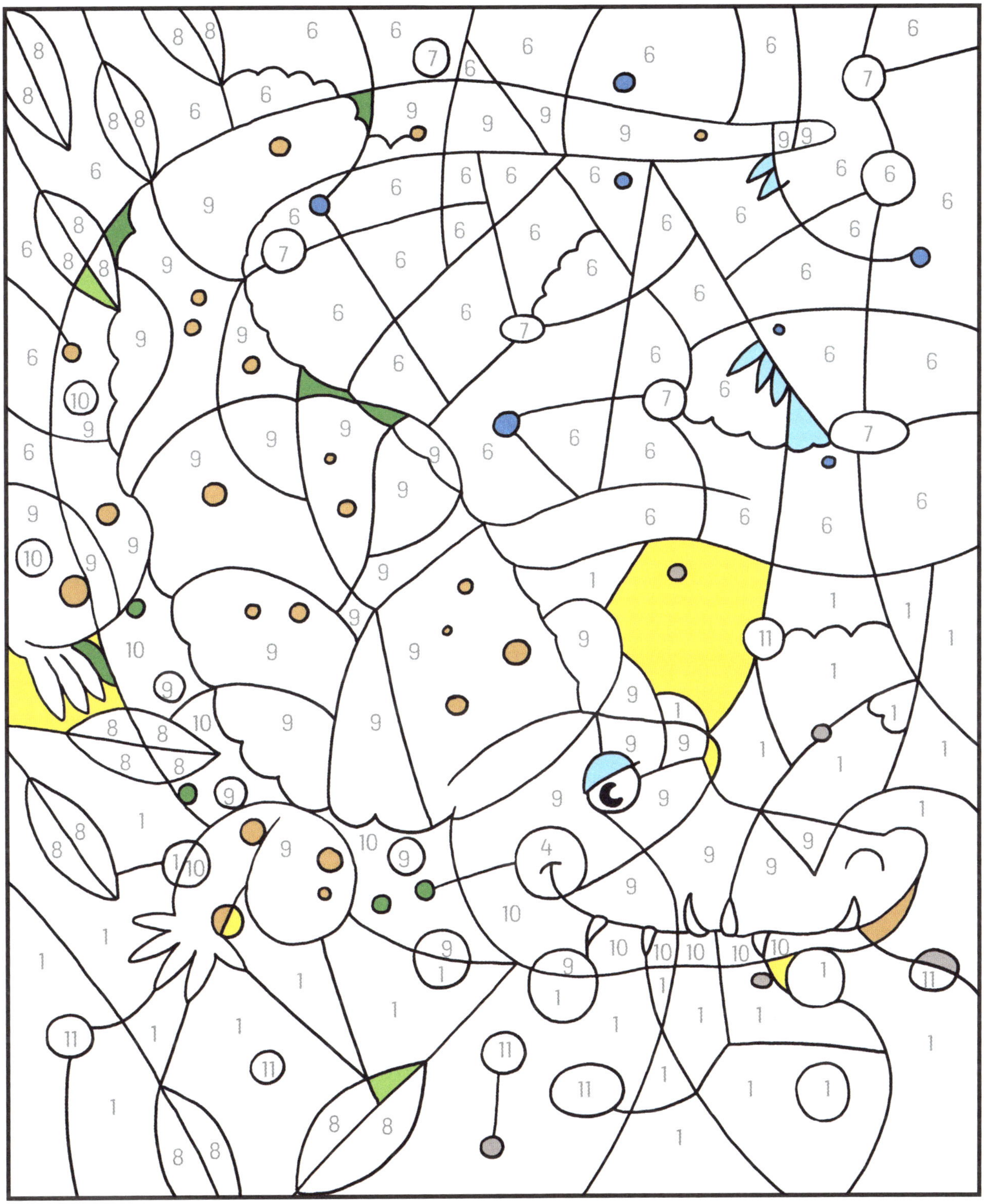

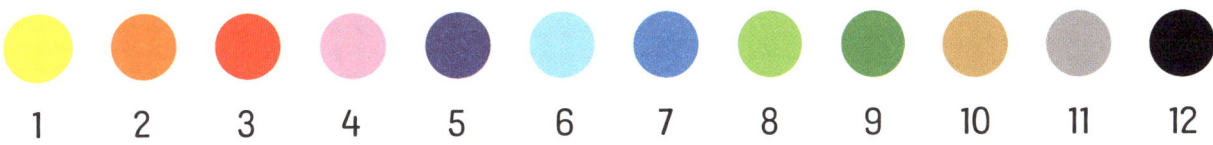

| 1 | 2 | 3 | 4 | 5 | 6 | 7 | 8 | 9 | 10 | 11 | 12 |

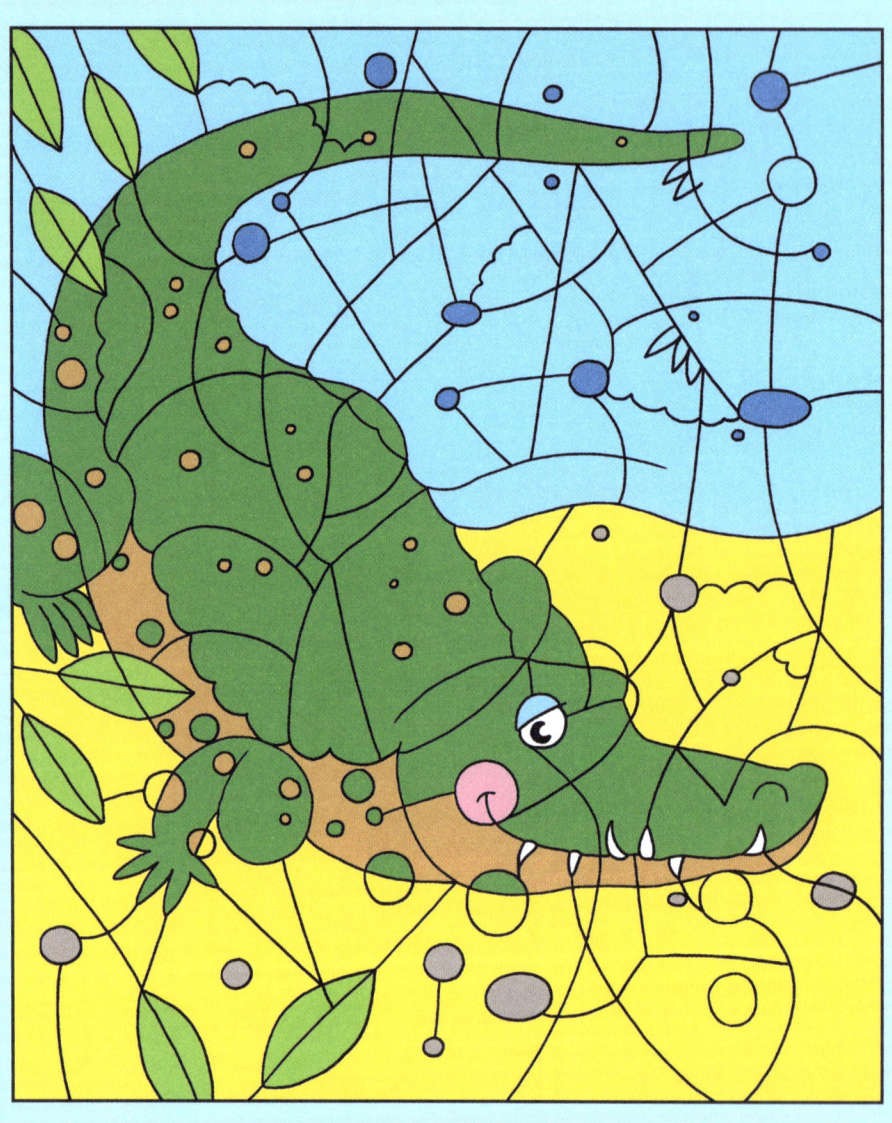

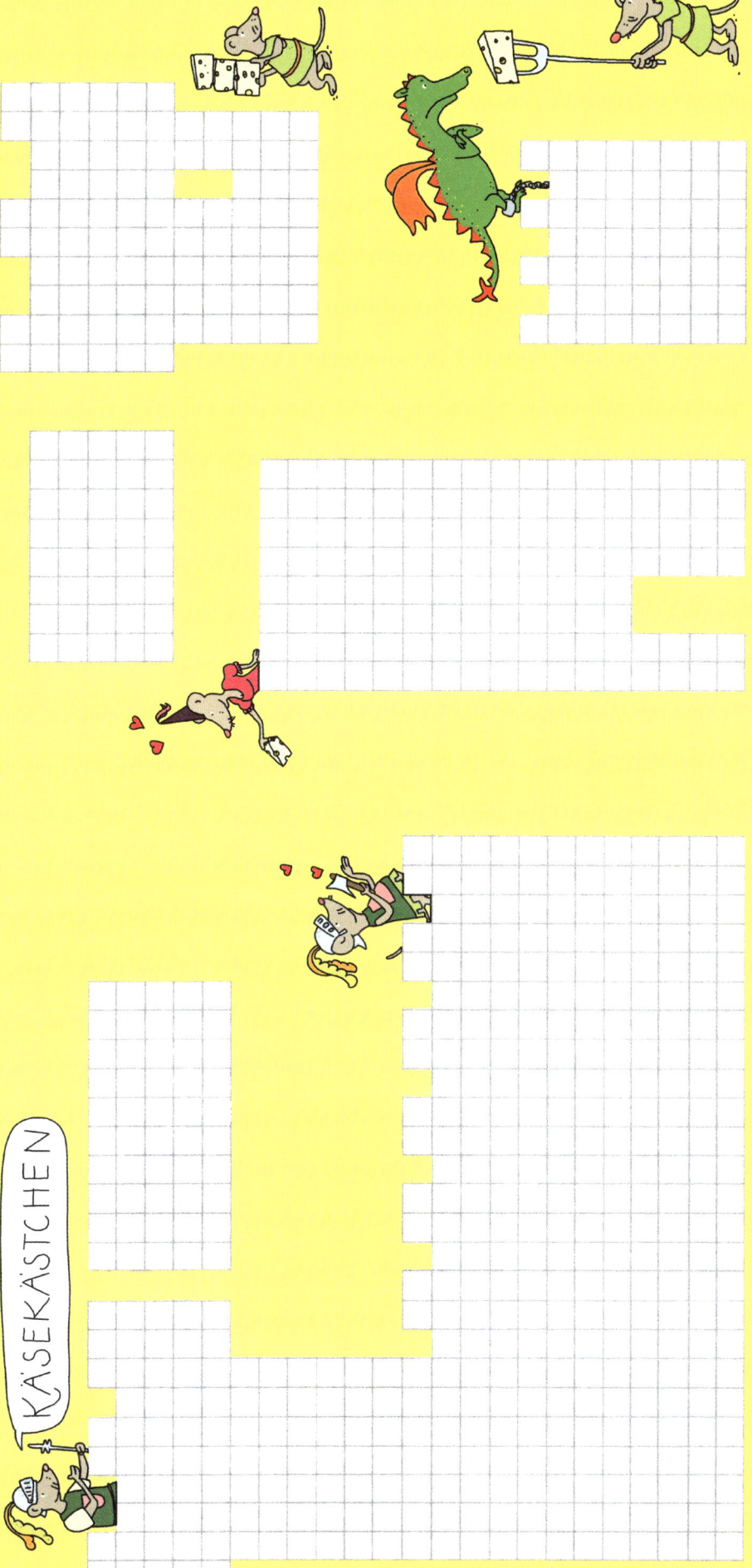

KÄSEKÄSTCHEN

Alle Spielanleitungen findest du ganz hinten im Buch.

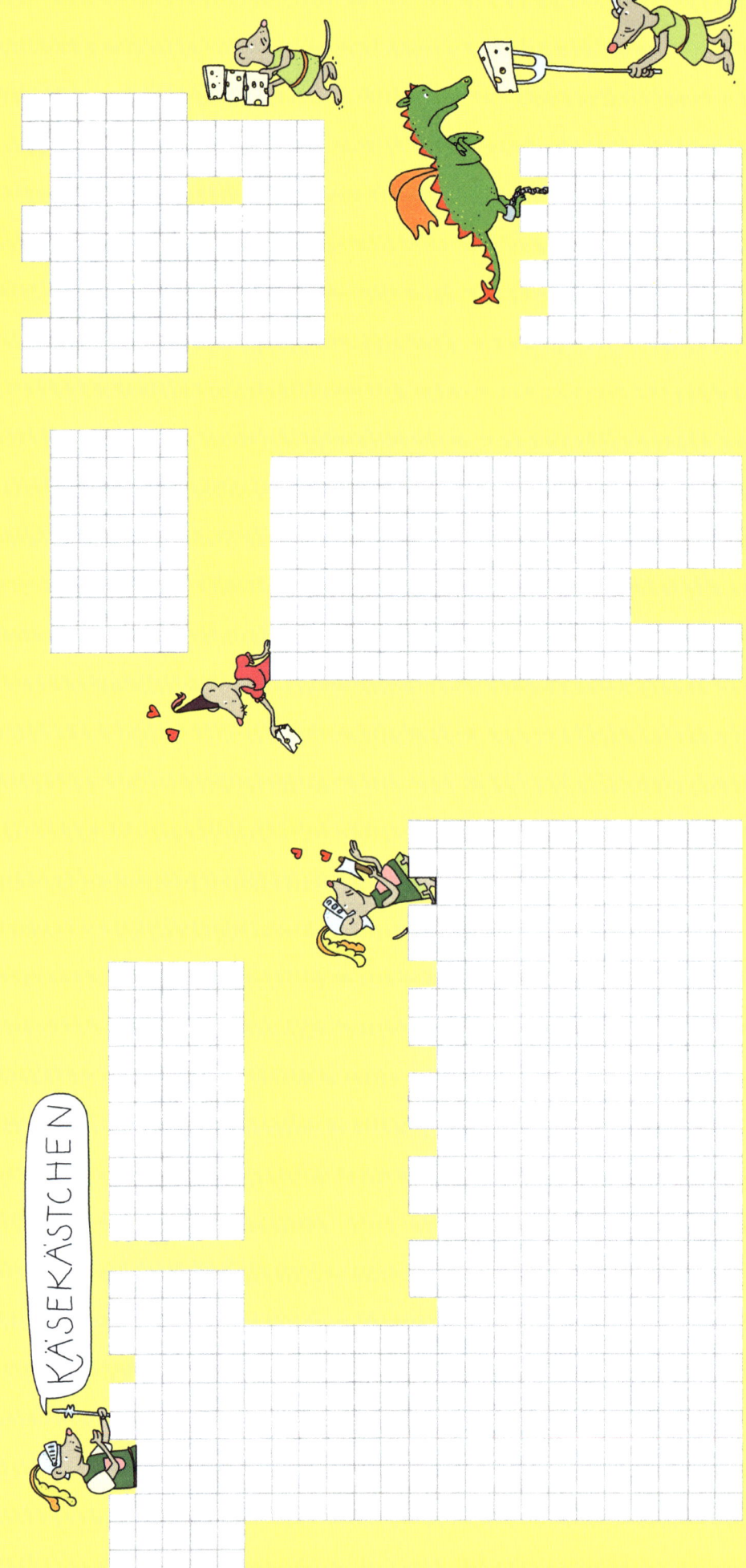

KÄSEKÄSTCHEN

Alle Spielanleitungen findest du ganz hinten im Buch.

1

6		8		4			1	7
	5			1		6	8	
2		1	7			3	9	
8	1			9	7			6
	7	4			1	9		
9			8	2			1	
	6	5			3	8		9
4				6			5	
	8	3		5		2		1

2

		5	4				1	
		2	9	5	1	7	6	
6	1	7	2			9		4
			2					6
3	2		8	1	6			5
7			4			2	9	
4		1			3		2	9
	8	6		9	4		3	
	9			7	2	1		

____ min

3

			8				2	1
2	3	5			6		8	
8			2	3			6	
1				2	8	5		
7	8	4		5			9	2
		2	1	8				
4	5			6	8			
6	1		9			5	7	3
3	2			7	1	6	4	

4

6		2	8			4		9
9	3	5	1		4		6	
			3				5	
3	8	9		6		5	2	
						6	4	
1	6			5		9	7	8
	4				2			
	9		7			2	1	4
7		1	6		9	3		5

____ min

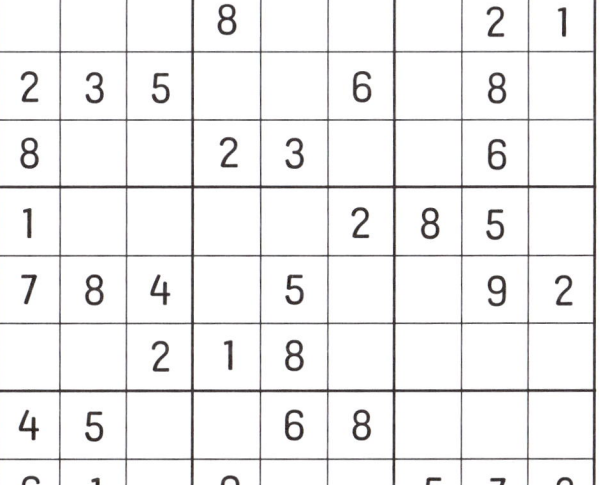

____ min

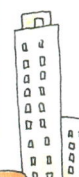

SUDOKU

LÖSUNGEN

1

6	9	8	3	4	5	1	7	2
3	5	7	9	1	2	6	8	4
2	4	1	7	8	6	3	9	5
8	1	2	5	9	7	4	3	6
5	7	4	6	3	1	9	2	8
9	3	6	8	2	4	5	1	7
1	6	5	2	7	3	8	4	9
4	2	9	1	6	8	7	5	3
7	8	3	4	5	9	2	6	1

2

9	3	5	4	6	7	8	1	2
8	4	2	9	5	1	7	6	3
6	1	7	2	3	8	9	5	4
1	5	4	7	2	9	3	8	6
3	2	9	8	1	6	4	7	5
7	6	8	3	4	5	2	9	1
4	7	1	5	8	3	6	2	9
2	8	6	1	9	4	5	3	7
5	9	3	6	7	2	1	4	8

3

9	7	6	8	4	5	3	2	1
2	3	5	7	1	6	9	8	4
8	4	1	2	3	9	7	6	5
1	6	3	4	9	2	8	5	7
7	8	4	6	5	3	1	9	2
5	9	2	1	8	7	4	3	6
4	5	7	3	6	8	2	1	9
6	1	8	9	2	4	5	7	3
3	2	9	5	7	1	6	4	8

4

6	1	2	8	7	5	4	3	9
9	3	5	1	2	4	8	6	7
4	7	8	3	9	6	1	5	2
3	8	9	4	6	7	5	2	1
2	5	7	9	8	1	6	4	3
1	6	4	2	5	3	9	7	8
8	4	3	5	1	2	7	9	6
5	9	6	7	3	8	2	1	4
7	2	1	6	4	9	3	8	5

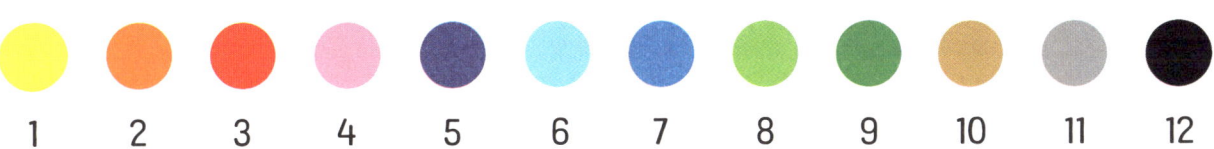

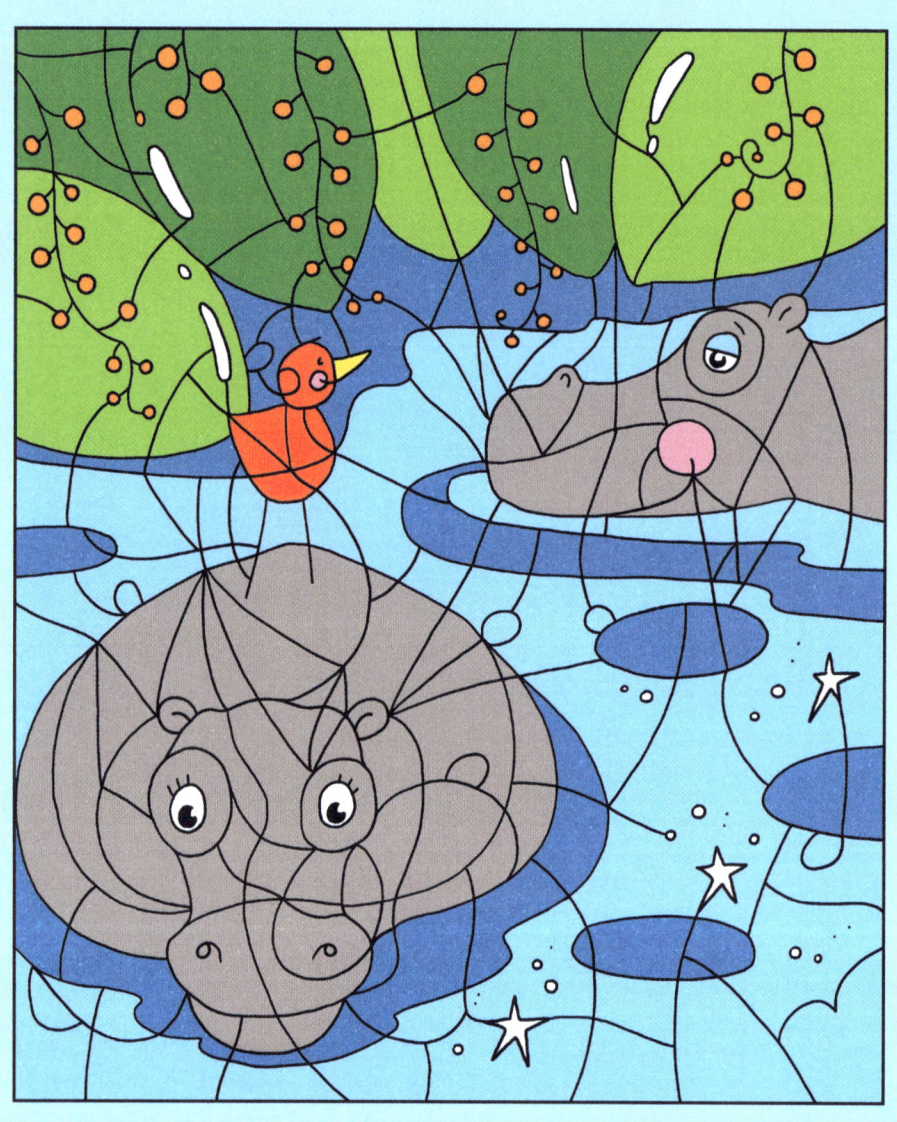

HANGMAN

Alle Spielanleitungen findest du ganz hinten im Buch.

HANGMAN

Alle Spielanleitungen findest du ganz hinten im Buch.

WER GEHÖRT ZU WEM?

Baumfrüchte

Welche Frucht gehört zu welchem Baum? Und welche davon kannst du auf deinem Spaziergang entdecken? Kreuze an und verbinde Blatt und Frucht miteinander!

DRAUSSEN-DART

GRUPPEN-SPIEL

DU BRAUCHST:
Eicheln zum Werfen,
Ast zum Zeichnen

Zuerst müsst ihr ausreichend Eichel-Munition sammeln. Zeichnet mithilfe eines Astes eine Zielscheibe auf den Waldboden. Dafür malt ihr drei große Ringe ineinander und verseht jeden Kreis mit Zählpunkten. Außen 10, in der Mitte 20, innen 30.

Legt ganz in die Mitte ein großes Blatt (wer es trifft, bekommt sogar 50 Punkte!) – und schon kann das Spiel beginnen!

Jede Person hat drei Würfe und versucht, mit einer Eichel in die Zielscheibe und im besten Fall sogar auf das Blatt in der Mitte zu treffen. Die geworfenen Punkte könnt ihr zusammenzählen und dann einen Dart-Star küren!

Logik im Quadrat

Dein Köpfchen ist gefragt:
Zwei der neun Quadrate sind gleich –
doch welche?

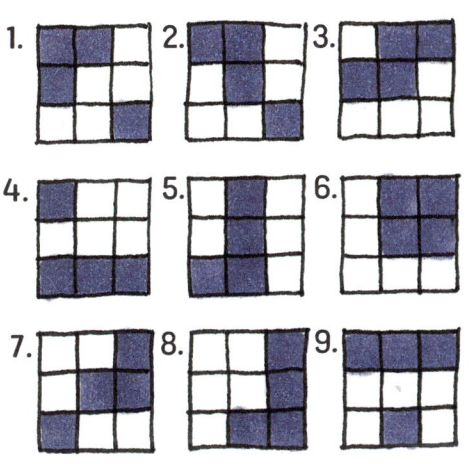

Das Uhrenkabinett des Herrn Bender

Herr Bender ist ein leidenschaftlicher Uhrensammler. Eben hat er auf dem Flohmarkt die sechste Uhr für seine Sammlung erworben. Kannst du ihm dabei helfen, sie nach dem von ihm entwickelten Schema zu stellen?

Welche Zahl kommt als Nächstes?

Hier ist deine ganze Rechenkunst gefordert!
Schaffst du es, die folgenden Zahlenreihen logisch fortzusetzen?

3, 2, 4, 3, 6, 5, …

3, 0, 5, 2, 7, 4, …

1, 3, 5, 7, 9, 11, …

LÖSUNGEN

Logik im Quadrat

Die Quadrate 2 und 7 sind gleich!
Wenn du es nicht glaubst, drehe das
Quadrat 2 im Uhrzeigersinn.

Das Uhrenkabinett des Herrn Bender

Die sechste Uhr zeigt 12:00 Uhr an –
die vorige Uhr wurde um zwei Stunden
vorgestellt, nun sind es zwei Stunden
und 15 Minuten.

Welche Zahl kommt als Nächstes?

1. Es folgen die Zahlen 10 (5 x 2) und 9 (10 – 1).
2. Es folgen die Zahlen 9 (4 + 5) und 6 (9 – 3).
3. Es folgen die Zahlen 13 und 15 (ungerade Zahlen).

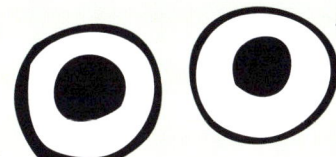

FAMILIE STOCK

DU BRAUCHST:
Äste, Acrylfarbe, Wackelaugen (10 mm),
Filz- oder Stoffreste in verschiedenen Farben,
Filzstifte, Baumwollschnur, Alleskleber

Bemale den Ast mit Acrylfarbe nach Lust und Laune.
Das obere Fünftel lässt du unbemalt. Schneide
ein 5 × 9 cm großes Stück Filz oder Stoff zu und klebe es
mit Alleskleber um die Kopfspitze. Es sollte noch ein ganzes
Stück über die Stockspitze hinausragen.
Mit einem Baumwollfaden verknotest du die Mitte der
Stoffspitze, und fertig ist die Mütze! Zum Schluss
klebst du die Wackelaugen an und malst Gesichtszüge auf.

Die lustigen Stöcke sind eine
tolle Verzierung im Garten
oder in Blumentöpfen.

STEINE-DOMINO

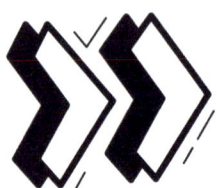

DU BRAUCHST:

ca. 20 flache Steine, Acrylfarbe, Masking Tape (schmal, ca. 7 mm)

Umklebe die Steine mittig mit einem Streifen Masking Tape. Jetzt kannst du die Steine mit Acrylfarbe bemalen. Und zwar die beiden Hälften in unterschiedlichen Farben. Achte darauf, dass jede verwendete Farbe mindestens bei einem anderen Stein vorkommt, sodass du die Spielsteine nachher aneinanderlegen kannst. Lass die Acrylfarbe gut trocknen. Dann kannst du den Streifen Masking Tape vorsichtig abziehen – und fertig ist dein Dominospiel!

TIPP:

Du kannst selbst entscheiden, wie lang dein Spiel werden soll. Natürlich kannst du statt der Farbflächen auch kleine Symbole, Gesichter oder Musterpärchen auf die Dominosteine malen. Hauptsache, du hast immer Pärchen.

Die Drillinge

Herr Kokolores war doch etwas überrascht, als die Schwester im Kreiskrankenhaus ihm drei Babys zeigte. Seine Frau sollte doch nur Zwillinge bekommen! Erst jetzt fällt der Schwester auf, dass sie versehentlich ein fremdes Baby dazugelegt hat. »Keine Bange!«, beruhigt sie Herrn Kokolores, »es gibt ein Merkmal, welches das fremde Baby von den Zwillingen unterscheidet.« Doch welches?

Verzwickte Quadrate

In dieser Aufgabe geht es darum, alle Quadrate in der Abbildung zu zählen – mach es dir dabei aber bitte nicht zu einfach!

Noch mehr Quadrate

Eine Aufgabe, die es ganz schön in sich hat: Zwei der folgenden Quadrate gleichen sich wie ein Ei dem anderen – doch welche?

LÖSUNGEN

Die Drillinge

Hattest du den richtigen Riecher?
Beim linken Baby sind die Ohren etwas größer.

Verzwickte Quadrate

Hast du richtig gezählt? Es sind insgesamt
14 Quadrate: Neun Quadrate, die aus nur
einem Kästchen bestehen, vier Quadrate,
die jeweils aus vier Kästchen bestehen,
und ein großes Quadrat aus neun Kästchen.

Noch mehr Quadrate

Die Quadrate Nummer 1 und 3 gleichen
einander – drehe das Quadrat 3 im Uhrzeigersinn nach rechts, so kannst du es nicht
mehr von Quadrat 1 unterscheiden!

GLÜCK IST, WENN DAS HERZ TANZT.

TECHNIK/INTERNET/ERFINDUNGEN

1. Wer hat den modernen Buchdruck erfunden?

- a) Nikola Tesla
- b) Isaac Newton
- c) Johannes Gutenberg
- d) Bill Gates

2. Welches Programm dient auf einem Computer dazu, um im Internet zu surfen?

- a) Browser
- b) Driver
- c) Explorer
- d) Reader

3. Wie bezeichnet man den hinteren Teil eines Schiffes?

- a) Boje
- b) Kombüse
- c) Planke
- d) Heck

4. In welcher Stadt fuhr 1863 die erste U-Bahn?

- a) London
- b) Rom
- c) Berlin
- d) Warschau

5. Wie nennt man einen berührungsempfindlichen Bildschirm noch?

- a) Keyboard
- b) Touchscreen
- c) Laptop
- d) Plotter

6. Welche Erfindung geht auf den amerikanischen Staatsmann Benjamin Franklin zurück?

- a) Dampfmaschine
- b) Schallplatte
- c) Blitzableiter
- d) Fahrrad

7. Wer war einer der Erfinder des Telefons?

- a) Johann Philipp Reis
- b) Friedhelm Willibald Brot
- c) Carl Emanuel Nudel
- d) Friedrich Ludwig Kartoffel

8. Was hat der Italiener Alessandro Volta erfunden?

- a) Herd
- b) Waschmaschine
- c) Kühlschrank
- d) Batterie

9. Womit werden Flugzeuge betankt?

- a) Erdgas
- b) Kerosin
- c) Torf
- d) Braunkohle

10. In welchem Format werden häufig Musik- dateien auf dem Computer gespeichert?

- a) BMP
- b) JPG
- c) MP3
- d) GIF

11. Welcher alte Grieche hat die Hebelgesetze entdeckt?

- a) Archimedes
- b) Herkules
- c) Zeus
- d) Adonis

12. Was wird an viele Computer angeschlossen?

- a) Floh
- b) Kuh
- c) Maus
- d) Reh

LÖSUNGEN

1. Richtige Antwort: c)

Johannes Gutenberg erfand im 15. Jahrhundert den modernen Buchdruck. Er machte es damit möglich, Bücher in viel größerer Zahl und zu einem günstigeren Preis herzustellen als vorher. Die Menschen konnten sich nun viel besser bilden. Von einem amerikanischen Fernsehsender wurde Johannes Gutenberg deshalb zum wichtigsten Mann des zweiten Jahrtausends gekürt.

2. Richtige Antwort: a)

Das englische Wort »to browse« bedeutet so viel wie »stöbern«. Der Browser ist ein Programm, mit dem sich Webseiten aufrufen lassen. Dazu wird eine Webadresse eingegeben. Oder aber es wird ein Link angeklickt. Man nennt das »im Internet surfen«. Auch auf einem Smartphone steht normalerweise ein Browser zur Verfügung, mit dem du im Internet surfen kannst.

3. Richtige Antwort: d)

Der hintere Teil eines Schiffes, aber auch eines Flugzeugs oder eines Autos, wird Heck genannt. Der vordere Teil ist der Bug, die linke Seite heißt Backbord und die rechte Seite Steuerbord. Wenn in früheren Zeiten ein Schiff angegriffen wurde, dann meistens an Heck oder Bug, da es dort kaum Kanonen gab.

4. Richtige Antwort: a)

Das Wort U-Bahn ist die Kurzform für »Untergrundbahn«. Solche Bahnen, die unterirdisch verlaufen, gibt es heute in vielen Großstädten. Denn statt im Straßenverkehr kommen damit viele Menschen schnell von einem Ort zum anderen. Die erste U-Bahn der Welt wurde im Jahr 1863 in London eröffnet. Ein anderes Wort für die U-Bahn lautet Metro.

5. Richtige Antwort: b)

Ein Touchscreen – also ein berührungsempfindlicher Bildschirm – ist zum Beispiel auf einem Smartphone zu finden. Auf einem Touchscreen kannst du deine Eingaben direkt auf dem Bildschirm vornehmen. Ein zusätzliches Gerät ist dazu nicht notwendig. Das Wort Touchscreen setzt sich aus den englischen Wörtern »to touch« (berühren) und »screen« (Bildschirm) zusammen.

6. Richtige Antwort: c)

Ein Blitzableiter sorgt dafür, dass Blitze nicht in ein Gebäude einschlagen können. Als Erfinder des Blitzableiters gilt der Amerikaner Benjamin Franklin, der von 1706 bis 1790 lebte. Er war aber nicht nur ein Erfinder, sondern auch Schriftsteller, Politiker und noch so einiges mehr.

7. Richtige Antwort: a)

Johann Philipp Reis war ein deutscher Erfinder, der von 1834 bis 1874 lebte. Er entwickelte ein Gerät, mit dessen Hilfe Töne über elektrische Leitungen übertragen werden konnten, und gilt deshalb als einer der Erfinder des Telefons. Es gibt aber auch noch andere Personen, die zur Erfindung des Telefons beigetragen haben, zum Beispiel Alexander Graham Bell.

8. Richtige Antwort: d)

Die erste Batterie wurde im Jahr 1800 vom italienischen Physiker Alessandro Volta erfunden. Eine Batterie ist ein Speicher für elektrische Energie. Batterien werden heute in vielen elektrischen Geräten eingesetzt. Eine Batterie lässt sich allerdings nicht wieder aufladen, ein Akkumulator (kurz: Akku) hingegen schon.

9. Richtige Antwort: b)

Das Kerosin ist ein leichtes Petroleum, das als Treibstoff für Flugzeuge verwendet wird. Auf langen Strecken verbraucht ein Flugzeug zwischen drei und vier Liter Kerosin pro 100 Kilometer – und pro Passagier. Auf kurzen Strecken ist es sogar noch deutlich mehr. Bei einem Flug, egal ob lang oder kurz, werden ganz schön viele Treibhausgase produziert, die zum Klimawandel beitragen.

10. Richtige Antwort: c)

Das Format MP3 für Musikdateien wurde in Deutschland entwickelt. Bei diesem Format werden Elemente, die sowieso nicht hörbar sind, ausgefiltert. Übrig bleibt eine komprimierte Datei, die kaum Speicherplatz benötigt.

11. Richtige Antwort: a)

Archimedes lebte im dritten Jahrhundert vor Christus. Er war Erfinder, Mathematiker, Physiker zugleich und eines der größten Genies der Menschheit. Archimedes entdeckte unter anderem die Hebelgesetze. Aber er entwarf auch allerlei Geräte, um seine Heimatstadt Syrakus gegen die Römer zu verteidigen. Und er machte viele weitere Entdeckungen in der Mathematik, der Physik und der Technik.

12. Richtige Antwort: c)

Die Computermaus (kurz: Maus) ist ein wichtiges Eingabegerät für den Computer. Damit lassen sich zum Beispiel Befehle in einem Menü anklicken, um diese auszuführen. Oder man bestimmt in einem Dokument die Stelle, an der man Text eingeben möchte. Die erste Maus wurde schon in den 1960er-Jahren gebaut.

SCHIFFE VERSENKEN

MEINE FLOTTE

GEGNERISCHE FLOTTE

SCHIFFE VERSENKEN !!!

SCHIFFE VERSENKEN !!!

	1	2	3	4	5	6	7	8	9	10
A										
B										
C										
D										
E										
F										
G										
H										
I										
J										

	1	2	3	4	5	6	7	8	9	10
A										
B										
C										
D										
E										
F										
G										
H										
I										
J										

MEINE FLOTTE

GEGNERISCHE FLOTTE

SCHIFFE VERSENKEN !!!

SCHIFFE VERSENKEN !!!

	1	2	3	4	5	6	7	8	9	10
A										
B										
C										
D										
E										
F										
G										
H										
I										
J										

	1	2	3	4	5	6	7	8	9	10
A										
B										
C										
D										
E										
F										
G										
H										
I										
J										

Alle Spielanleitungen findest du ganz hinten im Buch.

SCHIFFE VERSENKEN

MEINE FLOTTE

GEGNERISCHE FLOTTE

SCHiFFE VERSENKEN !!!

MEINE FLOTTE

GEGNERISCHE FLOTTE

SCHiFFE VERSENKEN !!!

Alle Spielanleitungen findest du ganz hinten im Buch.

SCHIFFE VERSENKEN

SPIELEN

MEINE FLOTTE

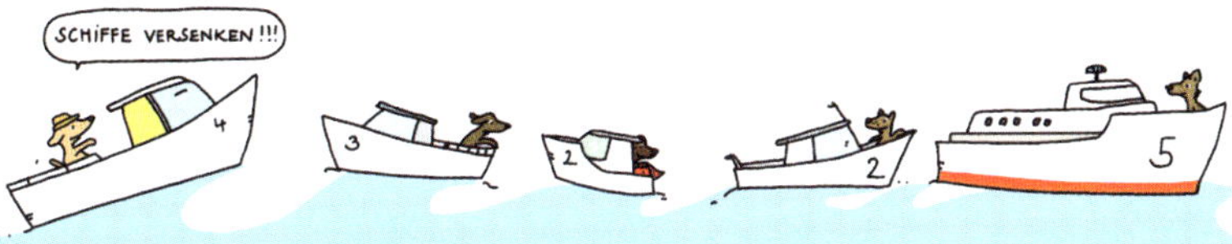

	1	2	3	4	5	6	7	8	9	10
A										
B										
C										
D										
E										
F										
G										
H										
I										
J										

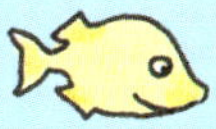

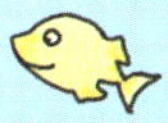

GEGNERISCHE FLOTTE

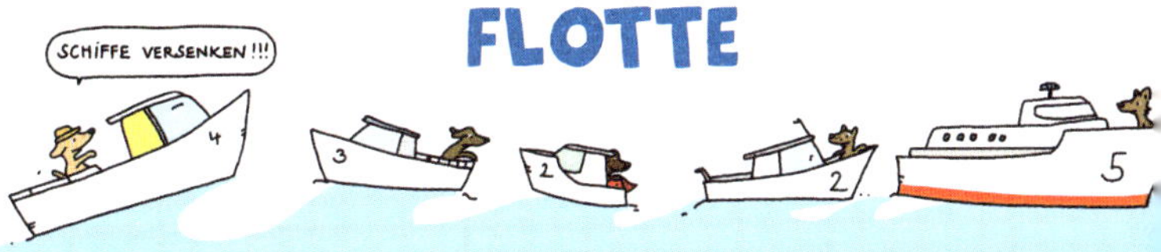

	1	2	3	4	5	6	7	8	9	10
A										
B										
C										
D										
E										
F										
G										
H										
I										
J										

MEINE FLOTTE

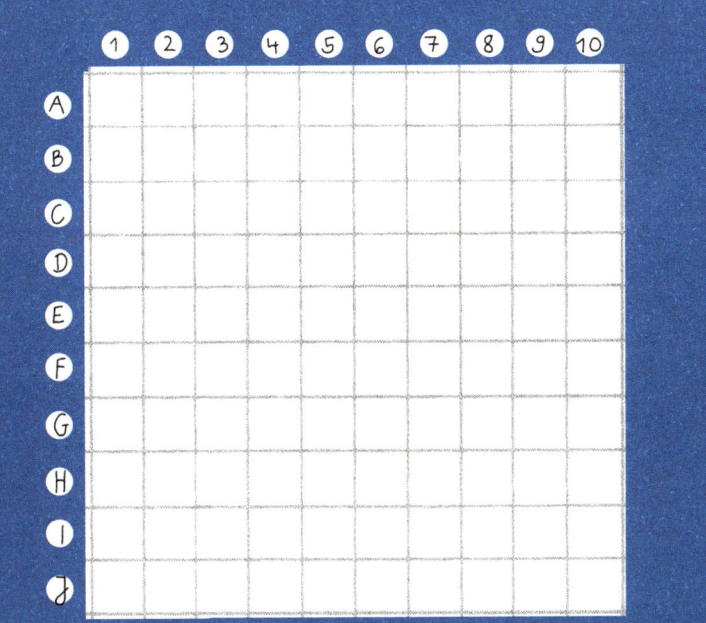

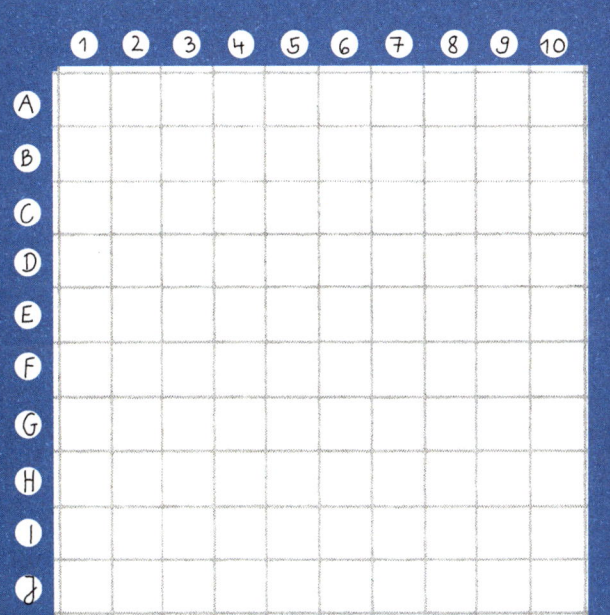

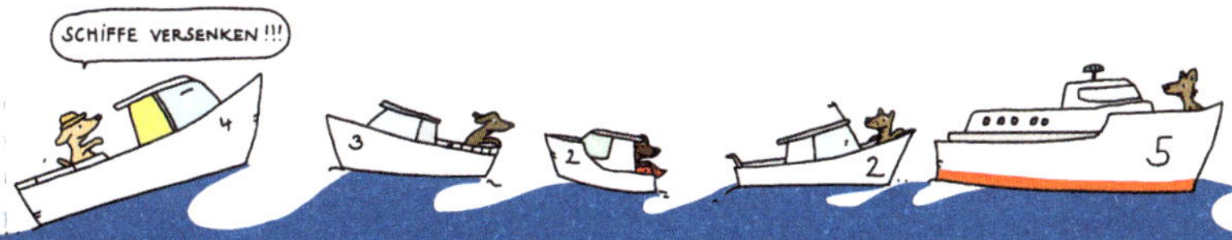

	1	2	3	4	5	6	7	8	9	10
A										
B										
C										
D										
E										
F										
G										
H										
I										
J										

GEGNERISCHE FLOTTE

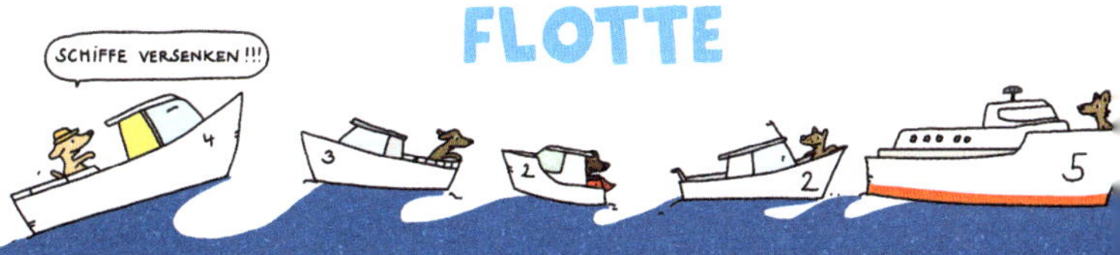

	1	2	3	4	5	6	7	8	9	10
A										
B										
C										
D										
E										
F										
G										
H										
I										
J										

Alle Spielanleitungen findest du ganz hinten im Buch.

SPIELEN

SCHIFFE VERSENKEN

MEINE FLOTTE

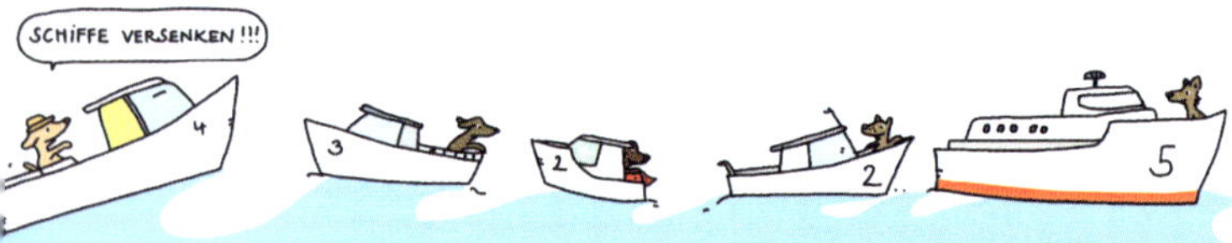

	1	2	3	4	5	6	7	8	9	10
A										
B										
C										
D										
E										
F										
G										
H										
I										
J										

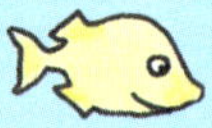

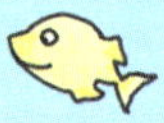

GEGNERISCHE FLOTTE

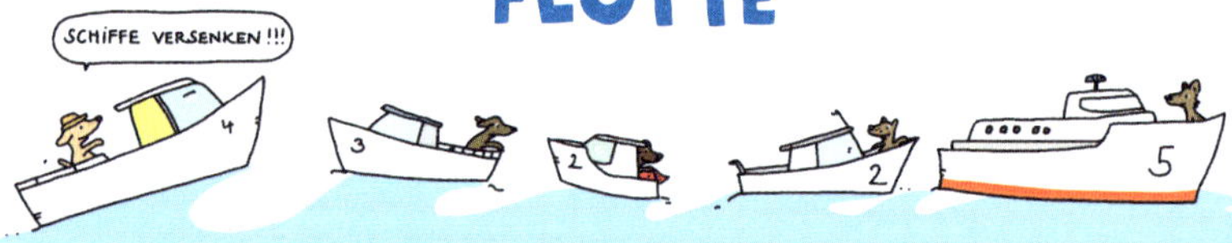

	1	2	3	4	5	6	7	8	9	10
A										
B										
C										
D										
E										
F										
G										
H										
I										
J										

MEINE FLOTTE

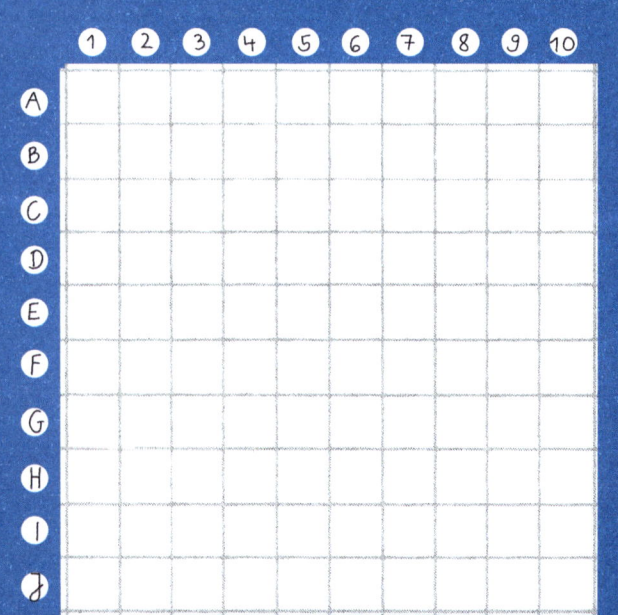

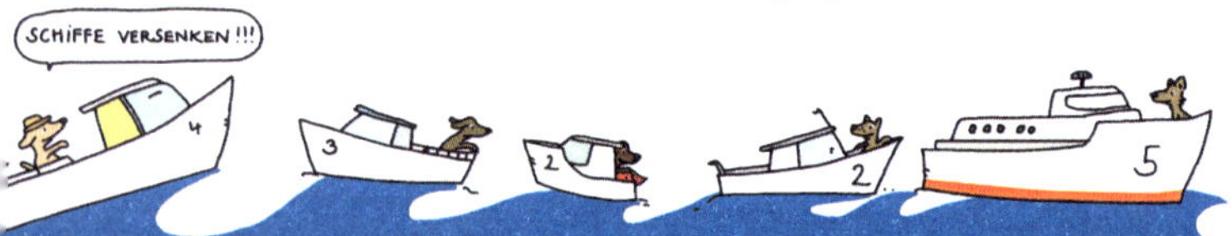

	1	2	3	4	5	6	7	8	9	10
A										
B										
C										
D										
E										
F										
G										
H										
I										
J										

GEGNERISCHE FLOTTE

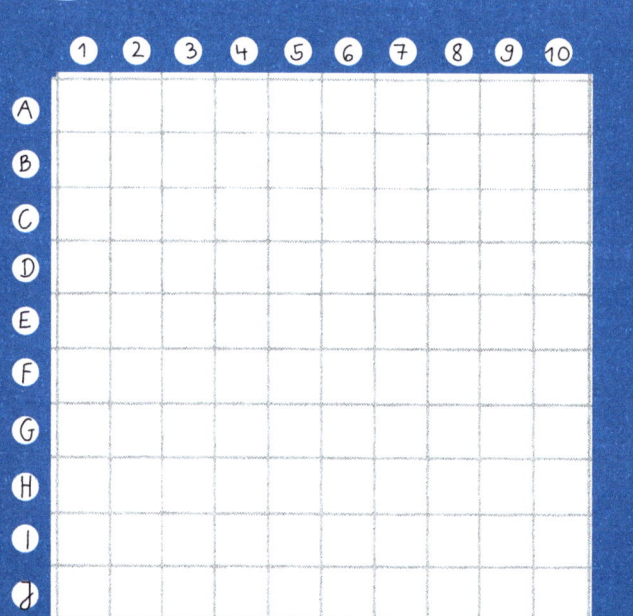

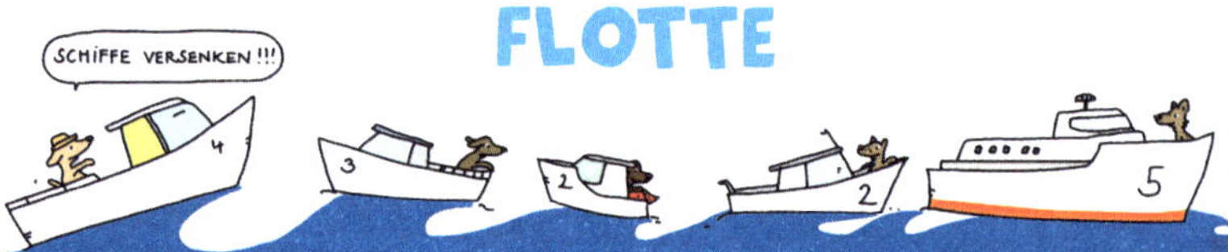

	1	2	3	4	5	6	7	8	9	10
A										
B										
C										
D										
E										
F										
G										
H										
I										
J										

Alle Spielanleitungen findest du ganz hinten im Buch.

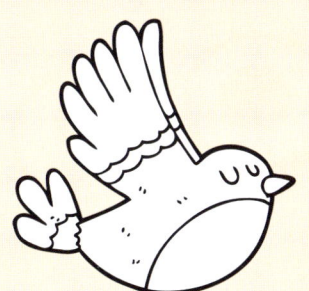

PIEPMATZ-IMBISS

DU BRAUCHST:
Körnermischung für Vögel, Kokosfett, ausgediente Tassen, Kordel, kleine Ästchen

Wenn es draußen friert und schneit, kann es für Vögel schwierig werden, genügend Futter zu finden. Aber du kannst ganz einfach einen **Vogelfutterplatz** selber machen – in einer Tasse!

Zuerst wird das Kokosfett vorsichtig in einem Topf geschmolzen. Dann rührst du die **Körnermischung** ein, bis eine zähe Masse entsteht. Diese füllst du in die Tasse und steckst **ein Ästchen** bis zum Boden der Tasse hinein. Das Ästchen dient den Vögeln als Sitzgelegenheit und sollte daher ein gutes Stück aus der Tasse hinausragen.

Nun lässt du die Masse nur noch aushärten. Dann befestigst du ein **Stück Kordel** am Tassengriff und hängst die Tasse damit in einen Baum.

DEIN PIEPMATZ-IMBISS IST ERÖFFNET!

EASY STREET-ART

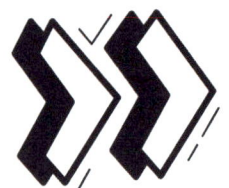

DU BRAUCHST:
Wackelaugen, Klebeknete

Falls du Lust hast, ein bisschen **gute Laune** in deiner Stadt zu verbreiten, kommt hier die perfekte Idee für einen gar nicht langweiligen Spaziergang mit **hohem Spaßfaktor.** Suche dir Orte wie Türen, Pfosten, Briefkästen usw., die mit zwei aufgeklebten **Wackelaugen** ein lustiges Gesicht ergeben. Bestimmt findest du jede Menge **lustige Gesichter,** wenn du erst einmal angefangen hast, nach geeigneten Plätzen zu suchen!

TIPP:
Wenn du keine Wackelaugen hast, kannst du auch jeweils zwei Schraubdeckel nehmen und innen einen schwarzen Punkt als Pupille hineinmalen.

FRIENDS FOREVER

SONNENSCHIRM-RÄTSEL

Löse das Wörterrätsel, und du findest den gesuchten Begriff.

LÖSUNG

Sonne
Palme
Handtuch
Delfin

Bikini
Muschel
Krebs
Liege

Sandburg

MUSIK UND FILME

1. Wie heißt ein beliebtes Musical von Andrew Lloyd Webber?

○ a) Rats
○ b) Cats
○ c) Monkeys
○ d) Dogs

2. Welchen Captain spielt Johnny Depp in den »Fluch der Karibik«-Filmen?

○ a) William Kidd
○ b) Jack Sparrow
○ c) Henry Morgan
○ d) Charles Vane

3. Welche amerikanische Sängerin veröffentlichte 2024 das Album »The Tortured Poets Department«?

○ a) Doris Day
○ b) Janis Joplin
○ c) Taylor Swift
○ d) Marilyn Monroe

4. Wer war ein bedeutender Komponist in der Zeit des Barocks?

○ a) Christoph Willibald See
○ b) Georg Philipp Fluss
○ c) Johann Sebastian Bach
○ d) Georg Friedrich Meer

5. Was ist ein begehrter Musikpreis?

○ a) Shanty
○ b) Jury
○ c) Jolly
○ d) Grammy

6. In welchem Animationsfilm spielt der Pandabär Po die Hauptrolle?

○ a) Karate Panda
○ b) Taekwondo Panda
○ c) Judo Panda
○ d) Kung Fu Panda

7. Wie heißt eine berühmte amerikanische Sängerin, der schon mit ihrem ersten Album »The Fame« der Durchbruch gelang?

○ a) Lady Gaga
○ b) Miss Crazy
○ c) Madame Maniac
○ d) Signora Schizo

8. Wer war ein berühmter deutscher Opernkomponist?

○ a) Friedrich Schiller
○ b) Richard Wagner
○ c) Theodor Storm
○ d) Joachim Ringelnatz

9. Was für ein Tier ist die Animationsfigur Shaun?

○ a) Hund
○ b) Schaf
○ c) Pferd
○ d) Maus

10. Welche deutsche Band sang unter anderem »Tage wie diese«?

○ a) Die Toten Hosen
○ b) Die Toten Hüte
○ c) Die Toten Socken
○ d) Die Toten Unterhemden

11. Welches dieser Wörter bezeichnet einen Sprechgesang?

○ a) Jazz
○ b) Blues
○ c) Rap
○ d) Swing

12. Was für einen Beruf übt »Mary Poppins« im gleichnamigen Film von 1964 aus?

○ a) Busfahrerin
○ b) Tierärztin
○ c) Schuhverkäuferin
○ d) Kindermädchen

LÖSUNGEN

1. Richtige Antwort: b)

Andrew Lloyd Webber hat einige berühmte Musicals komponiert, unter anderem »Cats«. Dieses Musical wurde zum ersten Mal am 11. Mai 1981 in London aufgeführt. Das Musical basiert auf einer Gedichtsammlung für Kinder, die der amerikanische Dichter T. S. Eliot 1939 veröffentlicht hat, und handelt von Grizabella, Bombalurina und vielen anderen Katzen.

2. Richtige Antwort: b)

»Fluch der Karibik« ist eine sehr erfolgreiche Reihe von Piratenfilmen. Im Mittelpunkt der Filme steht der Pirat Captain Jack Sparrow, der von Johnny Depp gespielt wird. Der erste »Fluch der Karibik«-Film kam 2003 in die Kinos. Er handelt davon, wie Jack Sparrow wieder an sein Schiff, die Black Pearl, gelangen kann.

3. Richtige Antwort: c)

Die amerikanische Sängerin Taylor Swift wurde am 13. Dezember 1989 geboren. Schon im Alter von 14 Jahren zog sie nach Nashville, um Country-Sängerin zu werden. Heute zählt sie zu den berühmtesten Popstars der Welt. 2024 erschien ihr elftes Album »The Tortured Poets Department«, das es in vielen Ländern auf Platz eins der Charts schaffte.

4. Richtige Antwort: c)

Johann Sebastian Bach wurde 1685 in Eisenach geboren und starb 1750 in Leipzig. Von 1723 bis 1750 war er der Thomaskantor in der Thomaskirche zu Leipzig. Bach komponierte in der Zeit des Barocks weit über 1000 musikalische Werke, darunter besonders viel geistliche Musik. Er wird heute als einer der bedeutendsten Komponisten aller Zeiten angesehen.

5. Richtige Antwort: d)

Der Grammy Award oder kurz Grammy ist ein Musikpreis, der seit 1959 jedes Jahr in Los Angeles verliehen wird. Er gilt als höchste Auszeichnung für Musiker, also Sänger, Komponisten, aber zum Beispiel auch Tontechniker. Die Grammy-Trophäe stellt ein Grammofon dar.

6. Richtige Antwort: d)

»Kung Fu Panda« ist ein beliebter Animationsfilm aus dem Jahr 2008, auf den noch weitere »Kung Fu Panda«-Filme folgten. Der Film handelt vom Pandabären Po, der zunächst im Nudelrestaurant seines Vaters arbeitet, aber davon träumt, mit den Furiosen Fünf gegen das Böse der Welt zu kämpfen. Ob sein Traum wohl Wirklichkeit werden wird?

7. Richtige Antwort: a)

Lady Gaga wurde mit ihrem ersten Album »The Fame« aus dem Jahr 2008 weltberühmt. Sie kann aber nicht nur singen, sondern auch schauspielern. Das hat Lady Gaga im Film »A Star Is Born« von 2018 unter Beweis gestellt. Der Song »Shallow«, den Lady Gaga in dem Film zusammen mit Bradley Cooper sang, gewann 2019 einen Oscar.

8. Richtige Antwort: b)

Richard Wagner wurde im Jahr 1813 in Leipzig geboren. Von ihm stammen bekannte Opern wie zum Beispiel »Tannhäuser«, »Tristan und Isolde« oder »Die Meistersinger von Nürnberg«. Seine Werke werden jedes Jahr während der Bayreuther Festspiele aufgeführt. Wagner starb 1883 in Venedig, wohin er mit seiner Familie eine Reise unternommen hatte.

9. Richtige Antwort: b)

Shaun das Schaf tauchte zum ersten Mal in einer Folge von »Wallace & Gromit« auf. Seit 2007 hat Shaun das Schaf seine eigene Fernsehserie und kommt darin immer wieder auf witzige und aberwitzige Ideen. Auch in einem Kinofilm war Shaun das Schaf bereits zu sehen, nämlich in »Shaun das Schaf – Der Film«.

10. Richtige Antwort: a)

Die Toten Hosen wurden bereits im Jahr 1982 gegründet. Rund um ihren Sänger Campino, der eigentlich Andreas Frege heißt, sind sie auch heute noch erfolgreich unterwegs. Ein bekanntes Lied der Band ist »Tage wie diese«. Der Refrain beginnt so: »An Tagen wie diesen wünscht man sich Unendlichkeit.«

11. Richtige Antwort: c)

Rap ist ein Sprechgesang, der in den USA entstanden ist. Das amerikanische Wort »to rap« bedeutet so viel wie »quatschen«. Der Rap ist Teil des Hip-Hops. Bekannte Rapper sind zum Beispiel Eminem, Jay-Z, Drake und Cro.

12. Richtige Antwort: d)

Mary Poppins ist ein fliegendes Kindermädchen, das auf die Kinder der Familie Banks aufpasst. Die Hauptrolle spielte Julie Andrews. In dem Film erleben die Kinder nicht nur viel Verrücktes, es wird auch viel gesungen. Ein bekanntes Lied aus »Mary Poppins« heißt »Supercalifragilisticexpialigetisch«.

BALLON-ABC

ABCDEFG
HIJKLMNOPQR
STUVWXYZ

Diese Buchstaben sind ganz schön aufgeblasen! Übe sie hier und hinterlasse eine **lustig-luftige Botschaft** auf der nächsten Seite.

....

....

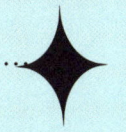

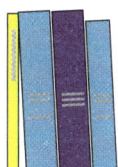

BÜCHER UND BILDENDE KUNST

1. Wie heißt der Gefährte der Romanfigur Robinson Crusoe?

- ○ a) Robin
- ○ b) Sancho Panza
- ○ c) Freitag
- ○ d) Samweis Gamdschie

2. Welcher Künstler hat die »Mona Lisa« gemalt?

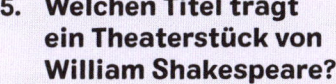

- ○ a) Leonardo da Vinci
- ○ b) Salvador Dalí
- ○ c) Albrecht Dürer
- ○ d) Marc Chagall

3. Welchen Namen trägt der Wolf in alten Fabeln?

- ○ a) Meister Petz
- ○ b) Reineke
- ○ c) Adebar
- ○ d) Isegrim

4. Wie heißt der Häuptling im Dorf des Asterix?

- ○ a) Majestix
- ○ b) Miraculix
- ○ c) Troubadix
- ○ d) Verleihnix

5. Welchen Titel trägt ein Theaterstück von William Shakespeare?

- ○ a) Omelett
- ○ b) Hamlet
- ○ c) Skelett
- ○ d) Kotelett

6. Wie hieß der spanische Maler Picasso mit Vornamen?

- ○ a) Franz
- ○ b) Pierre
- ○ c) Pablo
- ○ d) Henry

7. Welchen Namen hat das Zauberinternat in den »Harry Potter«-Romanen?

- ○ a) Petunia
- ○ b) Voldemort
- ○ c) Askaban
- ○ d) Hogwarts

8. Wie heißt ein Werk des deutschen Dichters Johann Wolfgang von Goethe?

- ○ a) Faust
- ○ b) Bauch
- ○ c) Fuß
- ○ d) Kopf

9. Welche dieser Figuren hat sich Astrid Lindgren ausgedacht?

- ○ a) Räuber Hotzenplotz
- ○ b) Momo
- ○ c) Sams
- ○ d) Pippi Langstrumpf

10. Welches berühmte Kinderbuch hat Heinrich Hoffmann im 19. Jahrhundert geschrieben?

- ○ a) Struwwelpeter
- ○ b) Teufelsbraten
- ○ c) Piesepampel
- ○ d) Springinsfeld

11. Was gestaltet ein Bildhauer?

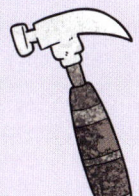

- ○ a) Rapturen
- ○ b) Frakturen
- ○ c) Torturen
- ○ d) Skulpturen

12. Ein Roman von Erich Kästner trägt den Titel »Emil und die ...«?

- a) Wilden Fußballkerle
- b) Kinder aus der Krachmacherstraße
- c) Detektive
- d) Wilde 13

LÖSUNGEN

1. Richtige Antwort: c)

Der Gefährte der Romanfigur Robinson Crusoe heißt Freitag. Er ist ein ehemaliger Kannibale, dem Robinson Crusoe bei der Flucht vor seinen Feinden geholfen hat, und wird sein bester Freund. Und den kann Robinson Crusoe gut gebrauchen, denn als er Freitag hilft, lebt er schon seit über 20 Jahren ganz allein auf einer einsamen Insel.

2. Richtige Antwort: a)

Die »Mona Lisa« ist eines der berühmtesten Gemälde der Welt. Es wird in Paris im Louvre, einem großen Kunstmuseum, ausgestellt. Leonardo da Vinci hat es zu Beginn des 16. Jahrhunderts gemalt, im Zeitalter der Renaissance. Das Gemälde zeigt eine lächelnde Frau. Wer sie ist, weiß man nicht sicher, es könnte sich aber um Lisa del Giocondo handeln, die Ehefrau eines Tuchhändlers aus Florenz.

3. Richtige Antwort: d)

Fabeln sind kurze Erzählungen, in denen vor allem Tiere die Hauptrolle spielen und wie Menschen handeln. In alten Fabeln haben viele Tiere einen Namen. So heißt zum Beispiel der Wolf Isegrim, der Fuchs Reineke, der Storch Adebar und der Bär Meister Petz. Und wie heißt der Hase in alten Fabeln? Meister Lampe.

4. Richtige Antwort: a)

Der Häuptling im Dorf des Asterix heißt Majestix. Er lässt sich meistens von zwei Untertanen stolz auf einem Schild herumtragen. Das erste »Asterix«-Heft ist 1961 in Frankreich erschienen, erst 1968 folgte die deutsche Übersetzung. Der Titel des ersten »Asterix«-Hefts lautete »Asterix der Gallier«.

5. Richtige Antwort: b)

»Sein oder Nichtsein, das ist hier die Frage.« So lautet eine berühmte Zeile aus dem Theaterstück »Hamlet« von William Shakespeare. Es handelt sich um die ziemlich tragische Geschichte des dänischen Prinzen Hamlet. William Shakespeare hat dieses Theaterstück schon zu Beginn des 17. Jahrhunderts geschrieben, aber es wird auch heute noch häufig aufgeführt.

6. Richtige Antwort: c)

Pablo Picasso lebte von 1881 bis 1973. Er war ein berühmter spanischer Maler und Bildhauer. Während seiner Künstlerlaufbahn durchlief er unterschiedliche Phasen, etwa eine Blaue Periode und eine Rosa Periode. Ein sehr bekanntes und sehr großes Gemälde von Picasso heißt »Guernica« – es ist 7,77 Meter breit und 3,49 Meter hoch.

7. Richtige Antwort: d)

Das Zauberinternat in den »Harry Potter«-Romanen trägt den Namen Hogwarts. Die Zauberschüler leben dort in vier verschiedenen Häusern: Gryffindor, Hufflepuff, Ravenclaw und Slytherin. Am ersten Tag jedes Schuljahres teilt ein sprechender Hut die Schüler den Internatshäusern zu. Harry Potter, Ron Weasley und Hermine Granger wurden dem Haus Gryffindor zugeteilt.

8. Richtige Antwort: a)

Der deutsche Dichter Johann Wolfgang von Goethe arbeitete etwa 60 Jahre lang an seinem Werk »Faust«. Es geht darin um einen Gelehrten namens Dr. Heinrich Faust, der eine Wette mit Mephisto, dem Teufel, eingeht. Dass das nicht gut ausgehen kannst, das kannst du dir schon denken. Deshalb ist »Faust« auch keine Komödie, sondern eine Tragödie.

9. Richtige Antwort: d)

Die schwedische Schriftstellerin Astrid Lindgren lebte von 1907 bis 2002. Sie hat sich in ihren Romanen eine Menge bekannter Figuren ausgedacht, unter anderem das bärenstarke Mädchen Pippi Langstrumpf. Pippi heißt mit vollem Namen Pippilotta Viktualia Rollgardina Pfefferminza Efraimstochter Langstrumpf.

10. Richtige Antwort: a)

Der Frankfurter Arzt Heinrich Hoffmann veröffentlichte im Jahr 1845 das Bilderbuch »Struwwelpeter«. Es ist seither aus kaum einem Kinderzimmer wegzudenken. Der »Struwwelpeter« enthält eine ganze Reihe bekannter Geschichten: neben der vom Struwwelpeter selbst zum Beispiel auch die vom bösen Friederich, vom Suppen-Kaspar, vom Zappel-Philipp und vom Hanns Guck-in-die-Luft.

11. Richtige Antwort: d)

Ein Bildhauer schafft Skulpturen. Zu einer Skulptur kannst du auch Plastik sagen – das hat aber nichts mit dem Kunststoff zu tun, der für Plastikspielzeug oder Plastiktüten verwendet wird. Auch eine Statue ist eine Skulptur, wobei eine Statue speziell Menschen, Tiere oder Gottheiten abbildet.

12. Richtige Antwort: c)

Erich Kästners Roman »Emil und die Detektive« ist zum ersten Mal im Jahr 1929 erschienen. Es ist die Geschichte des zwölfjährigen Jungen Emil Tischbein, der alleine zu Verwandten nach Berlin reist. Im Eisenbahnabteil wird ihm eine Menge Geld gestohlen, das seine Mutter ihm mitgegeben hat. Doch das lassen Emil, Gustav mit der Hupe und andere Kinder nicht auf sich sitzen.

DIY-STRASSENKREIDE

DU BRAUCHST:
1 Tüte Gips, Wasser, Fingermalfarben, alte Schüssel, leere Klorollen, Paketklebeband, Löffel

Verrühre Gips und Wasser nach Packungsanleitung, sodass eine **klumpenfreie Masse** entsteht. Dann fügst du eine gute Portion Fingerfarbe hinzu und verrührst das Ganze gut. Verschließe eine Seite der Klorollen mit einem Streifen Paketklebeband. Dann stellst du die Rolle auf die zugeklebte Seite und füllst sie mit dem farbigen Gips.

Du solltest die **Kreiderollen** leicht antrocknen lassen. Dabei werden sie fest, sind aber noch feucht und du kannst das Papier leichter entfernen. Die übrigen Papierreste lassen sich prima mit den Fingern abrubbeln.

Die **Straßenkreide** lässt du jetzt mindestens einen Tag durchtrocknen, dann kannst du losmalen!

LAVALAMPE

DU BRAUCHST:
leere Glasflasche mit Verschluss,
Wasser, Lebensmittelfarbe, Pflanzenöl,
2—3 Brausetabletten, Taschenlampe

Hat dich auch schon einmal eine Lavalampe in ihren
Bann gezogen? Farbige Blasen steigen langsam auf
und ab und **hypnotisieren** einen nahezu ...

Zuerst füllst du ungefähr ein Viertel der Glasflasche
mit Wasser und gibst Lebensmittelfarbe hinzu, bis sich
die Lösung richtig dunkel verfärbt. **Schüttle die Flasche**
vorsichtig, damit sich die Farbe gut verteilt.
Jetzt füllst du den Rest der Flasche bis kurz vor den Rand
mit **Pflanzenöl** auf. Das eingefärbte Wasser und das Öl
mischen sich nicht, denn Öl ist leichter als Wasser und
bleibt daher immer oben. Brich die **Brausetabletten** in
je vier Stücke und gib sie nacheinander in die Flasche.
Schraube den Deckel darauf, und beleuchte die Flasche
von hinten mit der Taschenlampe.

COOLER EFFEKT, ODER?

DEINE TO-DO-LISTE FÜR HEUTE: AUFSTEHEN, AN ETWAS SCHÖNES DENKEN UND **LÄCHELN.**

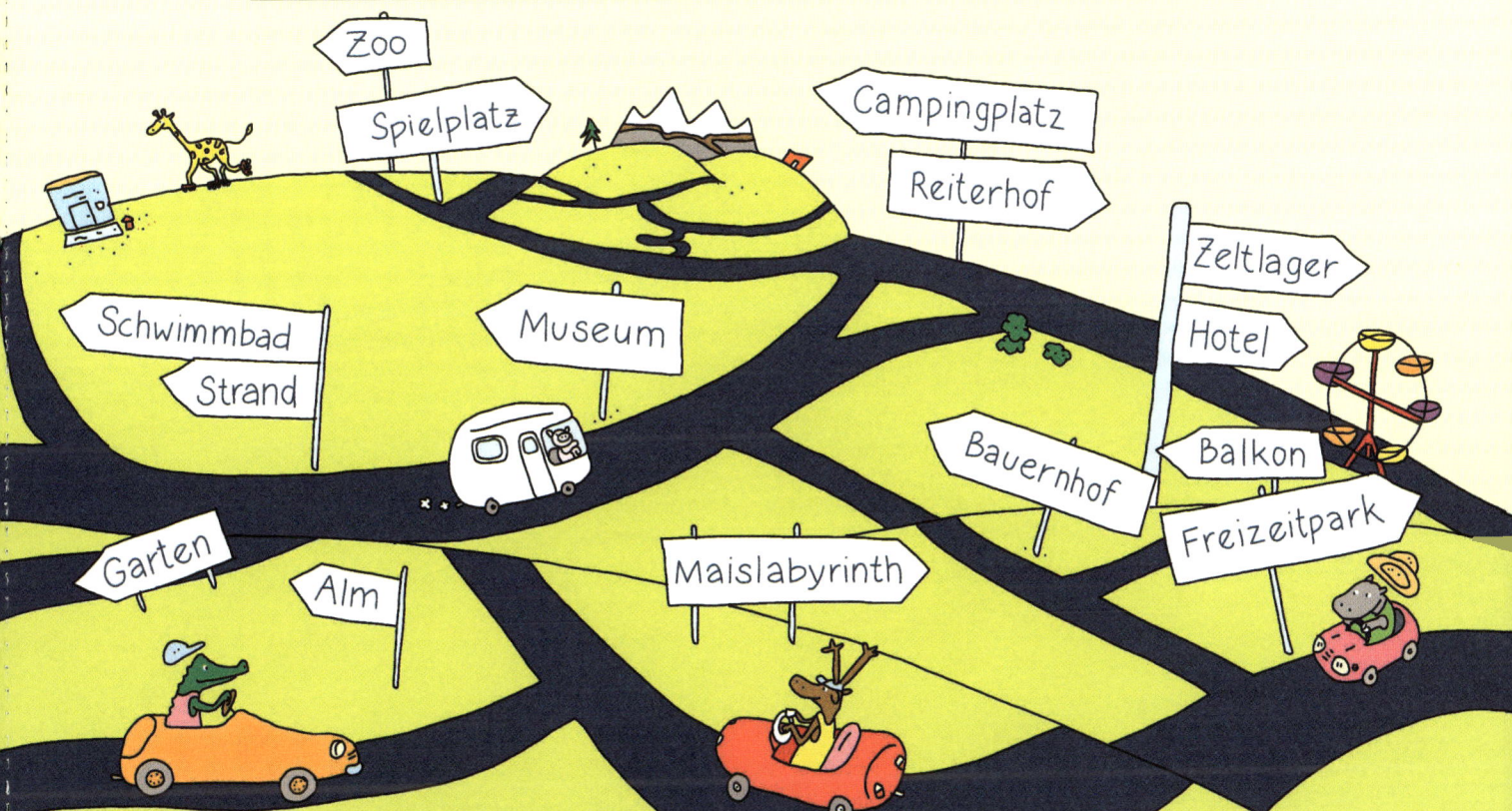

WÖRTERSUCHE

Hier sind 15 Orte versteckt, an denen man seine Ferien verbringen kann.
Die gesuchten Wörter sind waagerecht, senkrecht und diagonal im Buchstabenfeld versteckt.
Sie können sowohl vorwärts- als auch rückwärts geschrieben sein.

L	A	N	Z	E	L	T	L	A	G	E	R	T	D	S
H	T	N	I	R	Y	B	A	L	S	I	A	M	X	P
A	J	K	O	B	C	F	D	N	A	R	T	S	Q	I
D	L	F	H	G	U	L	N	B	E	L	S	J	A	E
A	E	I	R	K	E	Y	C	I	D	R	G	X	G	L
B	F	N	B	E	A	C	T	B	H	A	F	K	E	P
M	L	I	A	M	I	E	O	P	R	O	S	T	R	L
M	V	D	L	U	R	Z	K	T	E	M	O	U	F	A
I	M	O	K	H	G	O	E	W	M	H	R	I	P	T
W	U	M	O	B	S	N	S	I	Z	I	L	A	N	Z
H	S	F	N	Z	K	G	X	N	T	H	Y	T	L	A
C	E	Z	P	K	R	Y	T	X	S	P	C	E	O	M
S	U	C	A	M	P	I	N	G	P	L	A	T	Z	W
D	M	R	K	U	R	T	E	M	V	O	M	R	S	R
Z	O	F	O	H	N	R	E	U	A	B	H	U	K	C

Zoo

Spielplatz

Campingplatz

Reiterhof

Zeltlager

Schwimmbad

Museum

Hotel

Strand

Bauernhof

Balkon

Freizeitpark

Garten

Alm

Maislabyrinth

LÖSUNG

L	A	N	Z	E	L	T	L	A	G	E	R	T	D	S
H	T	N	I	R	Y	B	A	L	S	I	A	M	X	P
A	J	K	O	B	C	F	D	N	A	R	T	S	Q	I
D	L	F	H	G	U	L	N	B	E	L	S	J	A	E
A	E	I	R	K	E	Y	C	I	D	R	G	X	G	L
B	F	N	B	E	A	C	T	B	H	A	F	K	E	P
M	L	I	A	M	I	E	O	P	R	O	S	T	R	L
M	V	D	L	U	R	Z	K	T	E	M	O	U	F	A
I	M	O	K	H	G	O	E	W	M	H	R	I	P	T
W	U	M	O	B	S	N	S	I	Z	I	L	A	N	Z
H	S	F	N	Z	K	G	X	N	T	H	Y	T	L	A
C	E	Z	P	K	R	Y	T	X	S	P	C	E	O	M
S	U	C	A	M	P	I	N	G	P	L	A	T	Z	W
D	M	R	K	U	R	T	E	M	V	O	M	R	S	R
Z	O	F	O	H	N	R	E	U	A	B	H	U	K	C

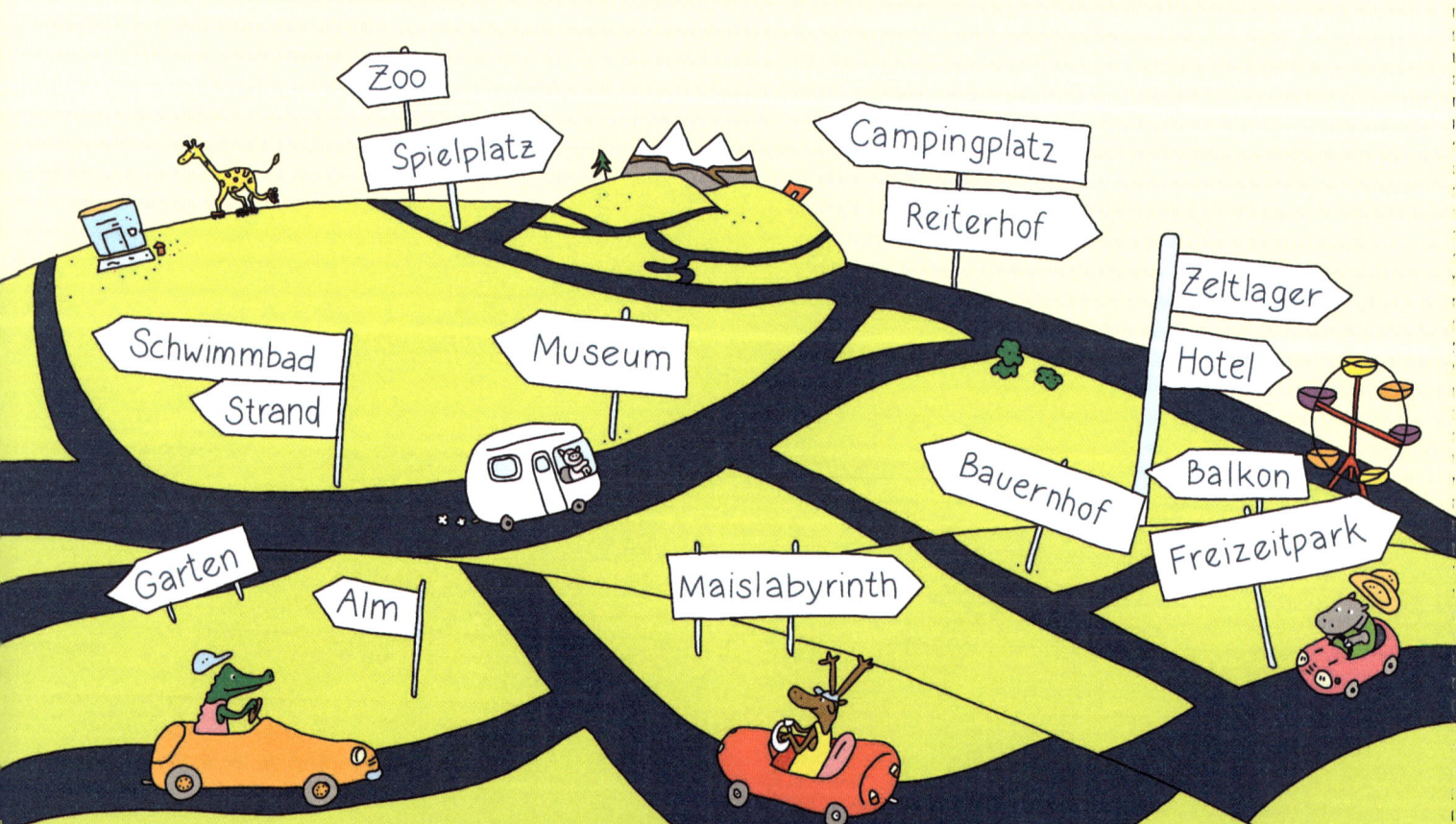

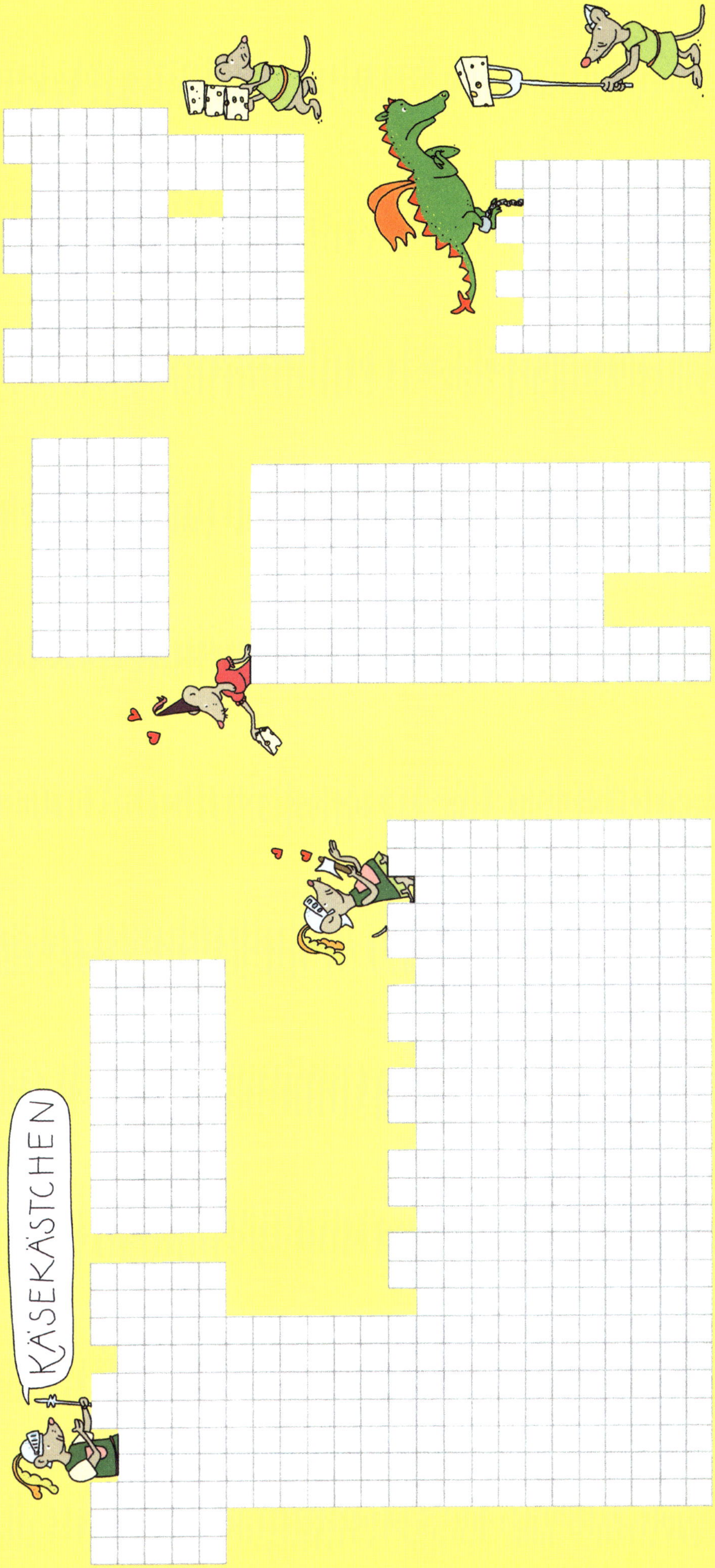

KÄSEKÄSTCHEN

Alle Spielanleitungen findest du ganz hinten im Buch.

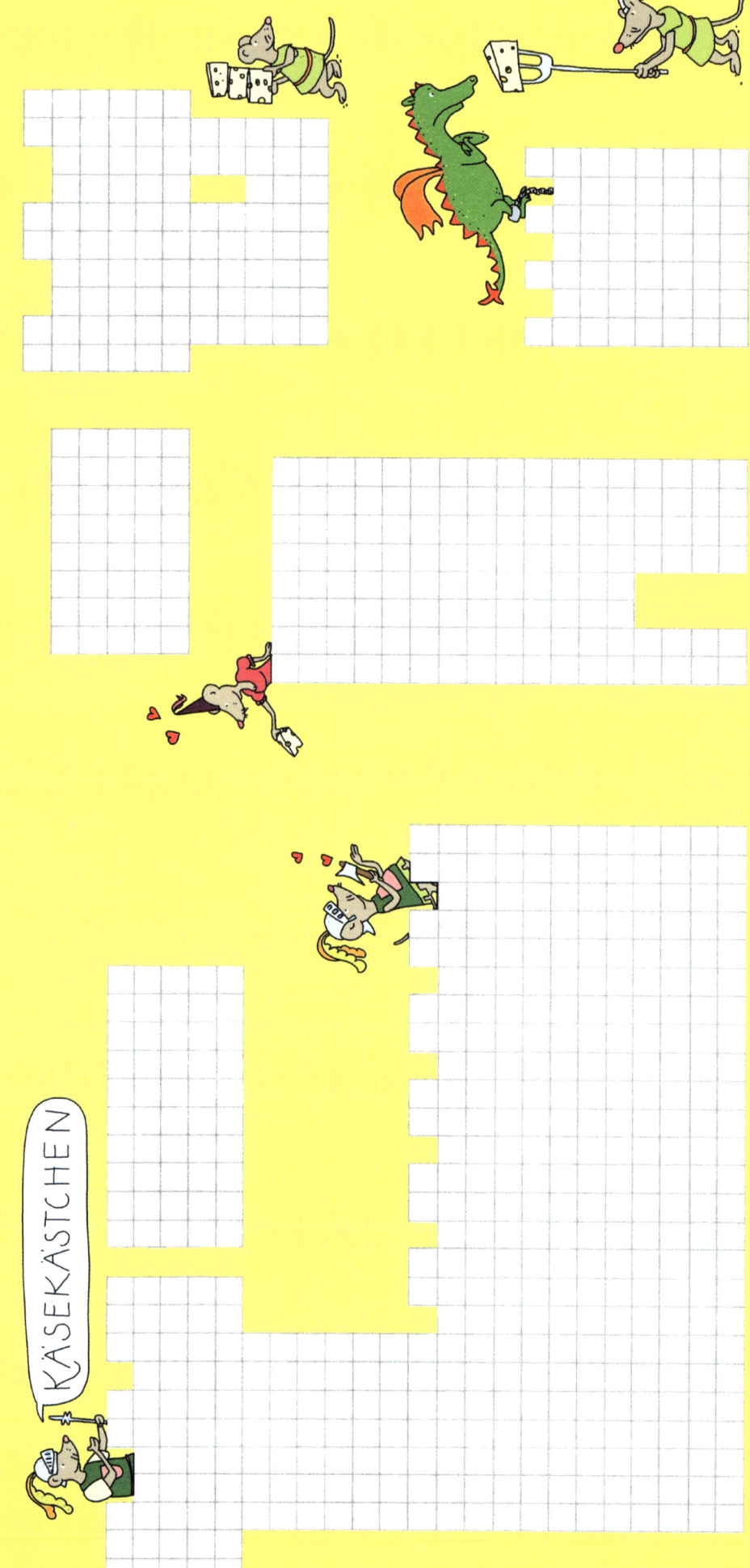

KÄSEKÄSTCHEN

Alle Spielanleitungen findest du ganz hinten im Buch.

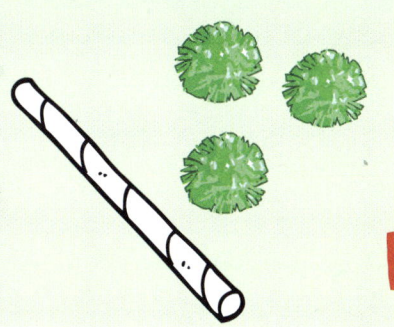

PUSTE-FUSSBALL

DU BRAUCHST:
Malerkrepp oder Klebeband,
Mini-Pompons in zwei Farben,
2 Strohhalme

FÜR 2 PERSONEN

Zuerst klebst du mit Kreppband ein ca. 60 × 30 cm
großes **Rechteck** auf den Fußboden oder Tisch ab.
An den kurzen Seiten markierst du mittig jeweils ein Tor.
Dann bekommt jeder Spieler einen Strohhalm. Legt
eure **Pompons** vor euer Tor. Dann heißt es: Auf die
Pompons, fertig und lospusten! Wer alle seine Pompons
zuerst in **das Tor** des Gegners gepustet hat, hat gewonnen!

SOCKENRÜSSEL

DU BRAUCHST:
Nylonstrumpfhose,
Tennisball oder Orange,
10 leere Wasser- oder
Saftflaschen, Stoppuhr

FÜR DIE GANZE FAMILIE

Los geht's: Stell einen Parcours aus 10 leeren **Wasserflaschen** in der Wohnung oder im Freien auf. Sie sollten mindestens mit einem Abstand von einem Meter zueinander stehen. Stecke den Tennisball oder die Orange in die Fußspitze einer Nylon-strumpfhose. Zieh dir die Hose als eine Art Mütze über den Kopf, sodass dein **Elefantenrüssel** vor dir baumelt. Auf ein Zeichen hin wird die Stoppuhr gestartet und du kannst loslegen.
Versuche, mit deinem Rüssel so viele Flaschen wie möglich innerhalb einer Minute **umzukegeln**. Wer die meisten Flaschen schafft, hat gewonnen!

AM STEHENDEN GEWÄSSER

Entdecke und sammle:

Schneckenhaus

Schöner Kieselstein

Etwas, das schwimmt

Entdecke und kreuze an:

○ Schilf

○ Kaulquappe

○ Fisch

○ Wasserläufer

○ Libelle

○ Ente

Entdecke und zeichne:

Eine Feder, die du
gefunden hast:

Das erste Wassertier,
das du gesehen hast:

AHOI!

Bastelt euch spontan ein kleines Boot aus
Naturmaterialien und lasst es zu Wasser.
Ihr könnt dazu Rindenstücke oder auch Kastanienschalen
verwenden. Einen Stock oder Zweig als Mast
hineinbohren – und fertig ist das Wasserfahrzeug.

! HÜPF, HÜPF, HÜPF ...

Kannst du einen Stein so
flach über die Wasseroberfläche werfen,
dass er ein paar Male auftitscht,
bevor er versinkt?

Probier es einfach aus!

WUT-WEG-BALL

Manchmal ist es zum Verrücktwerden! Da hat man einfach ein kleines Wutmonster im Bauch! Dann ist es Zeit für einen Wut-weg-Ball.

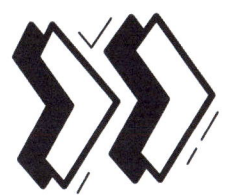

DU BRAUCHST:
Plastikflasche, 2 Luftballons in unterschiedlichen Farben, Mehl, Teelöffel, spitze Schere

Schneide zuerst das obere Viertel einer Plastikflasche ab, sodass du einen **Trichter** erhältst. Dann stülpst du einen Ballon über die Flaschenöffnung. Befülle **den Ballon** mit Mehl. Verdrehe den Ballon dann, ziehe ihn vom Trichter runter und verknote ihn. Dann schneidest du das Ende vom Knoten ab. Vom zweiten Ballon schneidest du jetzt etwa die Hälfte ab. Spreize ihn mit deiner Hand auf und ziehe ihn über die erste **Ballonkugel.** Fertig ist dein **Wut-weg-Ball!**

JETZT KANNST DU DEINE GANZE WUT WEGKNETEN!

FANG DEN KORKEN

DU BRAUCHST:
Pappbecher, Klebepunkte
in Weiß und Schwarz,
Mini-Pompon, Schnur,
Korken, Nadel

Fädle ein Stück Schnur auf eine Nadel und verknote ein Ende. Dann stichst du von innen mittig durch den Becherboden und ziehst die Schnur hindurch. Der Knoten sorgt dafür, dass sie **nicht wieder rausrutscht.** Knote das andere Ende der Schnur an einen Korken. Jetzt kannst du den Becher noch mit Klebepunkten und einem kleinen Pompon verzieren, und schon bist du fertig! Versuche den Korken **mit Schwung** in den Becher zu befördern, ohne die zweite Hand zu Hilfe zu nehmen. Dazu brauchst du etwas **Fingerspitzengefühl und Übung.** Viel Spaß!

HIER IST GESCHICKLICHKEIT GEFRAGT!

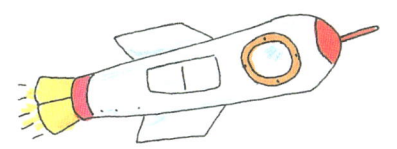  

SUDOKU

1

7			8					4
		2			9		5	7
9			7	5	2			1
		8			7			6
3	6			8			9	5
1		4	6			2		
		5	9	2	1		6	3
2	1					8		
6			3		8		1	2

2

		4			2			5
8	5	3	9	6		1		
		1		7		6		4
		6			8		3	
		7				2	6	
2	3		7	5		8		
6		2			3		4	
		5		8	1	7	2	6
4			6			9		

_____ min

3

5	3	2	7	8			1	
1		9						
				2		3		
				9		5		
8	9	5				7	3	6
		4		7			2	
9		1		6				
						2		1
	2			3	4	6	9	5

_____ min

4

					1	5		2
			3		4	9	7	
					5	8	4	
4	3			5				
				2			8	
		1		3			5	6
	8	2				4	1	
1		3	5		2		9	
5		9	6					

_____ min

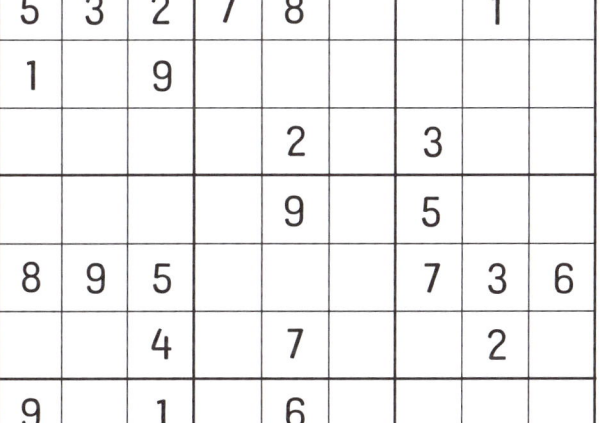
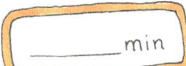

LÖSUNGEN

1

7	5	1	8	6	3	9	2	4
8	3	2	4	1	9	6	5	7
9	4	6	7	5	2	3	8	1
5	2	8	1	9	7	4	3	6
3	6	7	2	8	4	1	9	5
1	9	4	6	3	5	2	7	8
4	8	5	9	2	1	7	6	3
2	1	3	5	7	6	8	4	9
6	7	9	3	4	8	5	1	2

2

7	6	4	8	1	2	3	9	5
8	5	3	9	6	4	1	7	2
9	2	1	3	7	5	6	8	4
1	4	6	2	9	8	5	3	7
5	8	7	1	4	3	2	6	9
2	3	9	7	5	6	8	4	1
6	7	2	5	3	9	4	1	8
3	9	5	4	8	1	7	2	6
4	1	8	6	2	7	9	5	3

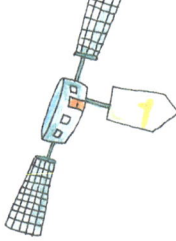

3

5	3	2	7	8	6	9	1	4
1	7	9	3	4	5	8	6	2
4	8	6	9	2	1	3	5	7
2	1	7	6	9	3	5	4	8
8	9	5	4	1	2	7	3	6
3	6	4	5	7	8	1	2	9
9	5	1	2	6	7	4	8	3
6	4	3	8	5	9	2	7	1
7	2	8	1	3	4	6	9	5

4

3	9	4	7	8	1	5	6	2
2	5	8	3	6	4	9	7	1
7	1	6	2	9	5	8	4	3
4	3	7	8	5	6	1	2	9
9	6	5	1	2	7	3	8	4
8	2	1	4	3	9	7	5	6
6	8	2	9	7	3	4	1	5
1	7	3	5	4	2	6	9	8
5	4	9	6	1	8	2	3	7

STÄDTE, LÄNDER, FLÜSSE

1. In welchem Land begrüßt man sich manchmal durch Zungerausstrecken?

- a) Serbien
- b) Tibet
- c) Österreich
- d) Uruguay

2. Welches Gewässer hat einen besonders hohen Salzgehalt?

- a) Krankes Meer
- b) Erkältetes Meer
- c) Fiebriges Meer
- d) Totes Meer

3. In welcher Stadt ist die Seufzerbrücke eine berühmte Sehenswürdigkeit?

- a) Venedig
- b) Hamburg
- c) Paris
- d) Prag

4. Wo auf der Erde herrschen die kältesten Temperaturen?

- a) am Äquator
- b) auf der Meeresoberfläche
- c) am Südpol
- d) im Regenwald

5. Welche europäische Großstadt hieß früher mal Konstantinopel?

- a) Helsinki
- b) Istanbul
- c) Barcelona
- d) Budapest

6. In welchem Land steht die Cheops-Pyramide, die höchste Pyramide der Welt?

- a) Peru
- b) Griechenland
- c) Mexiko
- d) Ägypten

7. Mit welchem Wort wird eine größere Meeresbucht bezeichnet?

- a) Golf
- b) Hockey
- c) Polo
- d) Squash

8. Welches ist das größte Nachbarland Deutschlands?

- a) Polen
- b) Dänemark
- c) Niederlande
- d) Frankreich

9. Was wurde nach dem britischen Landvermesser George Everest benannt?

- a) der tiefste See
- b) der heißeste Ort
- c) der höchste Berg
- d) der längste Fluss

10. Im Hafen welcher amerikanischen Stadt steht die Freiheitsstatue?

- a) New York City
- b) Miami
- c) San Francisco
- d) Boston

11. Wie heißt die größte Trockenwüste der Erde?

- a) Pihiri
- b) Sahara
- c) Nuhuru
- d) Zehere

12. Wobei handelt es sich um einen Wirbelsturm?

- a) Smog
- b) Hurrikan
- c) Lawine
- d) Tsunami

LÖSUNGEN

1. Richtige Antwort: b)

In Tibet kann es dir tatsächlich passieren, dass dir jemand zur Begrüßung die Zunge rausstreckt. Allerdings ist das nur eine Form der Begrüßung, die nicht von jedem und nicht überall verwendet wird. Ursprünglich wollten die Tibeter durch das Zungerausstrecken beweisen, dass sie nicht mit dem Bösen im Bunde stehen. Denn das kann man nach dem Glauben mancher Tibeter von der Zunge ablesen.

2. Richtige Antwort: d)

Das Tote Meer liegt 428 Meter unter dem Meeresspiegel und grenzt an Israel, Jordanien und das Westjordanland. Das Wasser hat einen Salzgehalt von rund 30 Prozent. Das ist so viel, dass du auf der Wasseroberfläche liegen kannst, ohne dass du schwimmen musst. Viele Urlauber lassen sich fotografieren, während sie sich im Wasser des Toten Meers treiben lassen und eine Zeitung lesen.

3. Richtige Antwort: a)

Die Seufzerbrücke ist eine berühmte Sehenswürdigkeit in Venedig. Sie wurde um das Jahr 1600 herum erbaut und verbindet den Dogenpalast mit dem ehemaligen Gefängnis. Ihren Namen soll die Brücke erhalten haben, weil die Gefangenen ziemlich zu seufzen hatten, wenn sie über die Brücke ins Gefängnis geführt wurden.

4. Richtige Antwort: c)

Die kältesten Temperaturen wurden bisher in der Antarktis gemessen, also am Südpol der Erde. In der russischen Forschungsstation Wostok zeigte das Thermometer zum Beispiel im Jahr 1983 einmal die Temperatur -89,2 Grad Celsius an.

5. Richtige Antwort: b)

Die türkische Großstadt Istanbul hatte in der Geschichte verschiedene Namen, unter anderem Konstantinopel. Diesen Namen hat die Stadt vom römischen Kaiser Konstantin dem Großen erhalten, der im dritten und vierten Jahrhundert nach Christus lebte und Konstantinopel zu seiner Hauptresidenz machte.

6. Richtige Antwort: d)

Die Cheops-Pyramide ist eine der Pyramiden von Gizeh in Ägypten. Sie ist mit einer Höhe von rund 139 Metern die höchste Pyramide der Welt. Ursprünglich war die Pyramide sogar fast 147 Meter hoch. Die Pyramide war das Grabmal für den ägyptischen König Cheops, der vor rund 4600 Jahren lebte – und so alt ist auch diese Pyramide.

7. Richtige Antwort: a)

Der Golf ist eine größere Meeresbucht und hat nichts mit der gleichnamigen Sportart oder dem Automodell zu tun. Ein anderes Wort für den Golf lautet Meerbusen. Wird von den Golfstaaten gesprochen, so meint man die Staaten, die am Persischen Golf liegen, zum Beispiel Saudi-Arabien und Iran. Doch es gibt auf der Welt noch viele weitere Golfe.

8. Richtige Antwort: d)

Von den neun Nachbarstaaten ist Frankreich am größten. Frankreich, das im Westen an Deutschland grenzt, hat eine Fläche von 543 965 Quadratkilometern. Zum Vergleich: Die Fläche Deutschlands beträgt lediglich 357 578 Quadratkilometer. Die längste Grenze hat Deutschland aber zum kleineren Nachbarn Österreich, nämlich etwa 815 Kilometer.

9. Richtige Antwort: c)

Der Mount Everest, der mit 8848 Metern höchste Berg der Erde, wurde im Jahr 1856 nach dem britischen Landvermesser George Everest benannt. Die Einheimischen nennen den Berg allerdings anders: Auf Tibetisch heißt er Tschomolungma und auf Nepalesisch Sagarmatha. Zum ersten Mal bestiegen wurde der Mount Everest im Jahr 1953 von Edmund Hillary und Tenzing Norgay.

10. Richtige Antwort: a)

Die Freiheitsstatue steht auf der kleinen Insel Liberty Island im Hafen von New York City. Dort wurde die Statue am 28. Oktober 1886 eingeweiht, und zwar als Geschenk der Franzosen an die Amerikaner. Die Freiheitsstatue ist rund 46 Meter hoch, mit Sockel sogar 93 Meter. Die Freiheitsstatue besteht im Inneren aus Stahl und hat außen eine Hülle aus Kupfer.

11. Richtige Antwort: b)

Die Sahara im Norden Afrikas ist über neun Millionen Quadratkilometer groß und damit die größte Trockenwüste der Erde. Die Wüste ist etwa 26-mal so groß wie Deutschland. Etwa ein Fünftel der Sahara ist Sandwüste, größere Teile der Wüste bestehen aber aus Kies, Steinen und Geröll.

12. Richtige Antwort: b)

Ein Hurrikan ist ein tropischer Wirbelsturm, der im nördlichen Teil des Atlantischen Ozeans auftreten kann. Der Name Hurrikan stammt ursprünglich aus der Sprache der Taíno, einem Indianervolk in der Karibik. In dieser Sprache wurden die Wirbelstürme als hurakán bezeichnet.

TIC TAC TOE

Alle Spielanleitungen findest du ganz hinten im Buch.

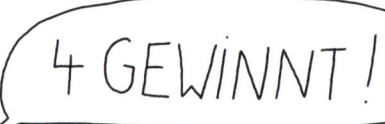

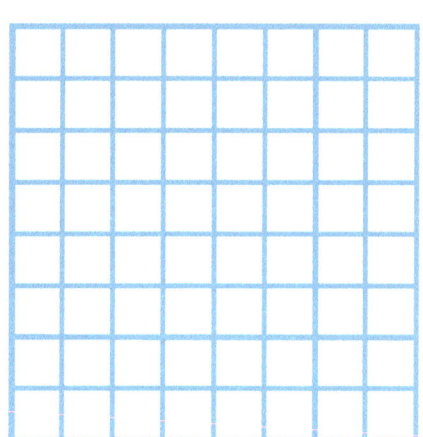

Alle Spielanleitungen findest du ganz hinten im Buch.

WENN DIR DAS LEBEN **ZITRONEN** GIBT, MACH **LIMONADE** DRAUS.

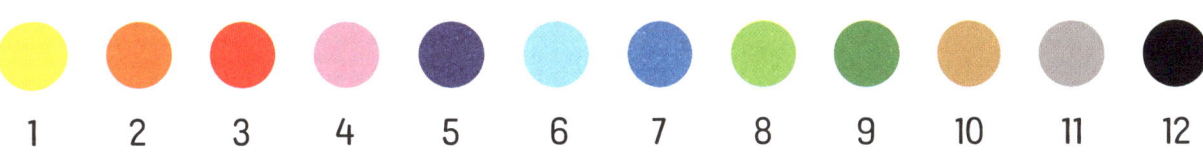

APFEL-LOLLIES

DU BRAUCHST:
1 Apfel, Ausstecher, Holzspieße,
etwas Zitronensaft, 100 g Schokolade,
Backpapier, Zuckerstreusel

Den Apfel waschen und in Scheiben schneiden. Dann das Kerngehäuse mit einem Plätzchen-Ausstecher entfernen. Danach steckst du die Apfelscheiben auf **Holzspieße** und beträufelst sie mit etwas Zitronensaft. So werden sie nicht so schnell bräunlich.
Die **Schokolade** lässt du entweder im Wasserbad oder in der Mikrowelle schmelzen. Dann tauchst du die Apfelscheiben in die geschmolzene Schokolade. Lege die Scheiben auf ein **Stück Backpapier** und verziere sie mit Zuckerstreuseln. Warte, bis die Schokolade fest geworden ist. Fertig sind deine Apfel-Lollies!

LASS ES DIR SCHMECKEN!

MINIBUCH FALTEN

DU BRAUCHST:
ein Stück Papier in DIN A4

BAUE DIR DEIN EIGENES KLEINES MINIBUCH!

1.

2.

3.

4.

5.

6.

HURRA! SOMMER!

Kreuze an, was du auf dem Spaziergang entdecken kannst!

○ Gras

○ Getreide

○ vierblättriges Kleeblatt

○ Biene

○ Beeren

○ Feder

○ Regenwurm

○ Ameise

○ Käfer

○ Schmetterling

○ Mücke

○ Mohnblume

FÜHLE:

- ⭕ etwas Weiches
- ⭕ etwas Hartes
- ⭕ etwas Raues
- ⭕ etwas Nasses

RIECHE:

Augen zu und schnuppern bitte!
Finde fünf Dinge, die ganz unterschiedlich riechen.

LAUSCHE:

- ⭕ Wind in den Blättern
- ⭕ Vogel

Was hörst
du noch?

TIPP:

Macht füreinander ein kleines Rätsel daraus.
Eine Person schließt die Augen und versucht
durch Tasten oder Riechen zu erraten, was ihr
von jemand anderem hingehalten wird.

MALEN NACH ZAHLEN

1 2 3 4 5 6 7 8 9 10 11 12

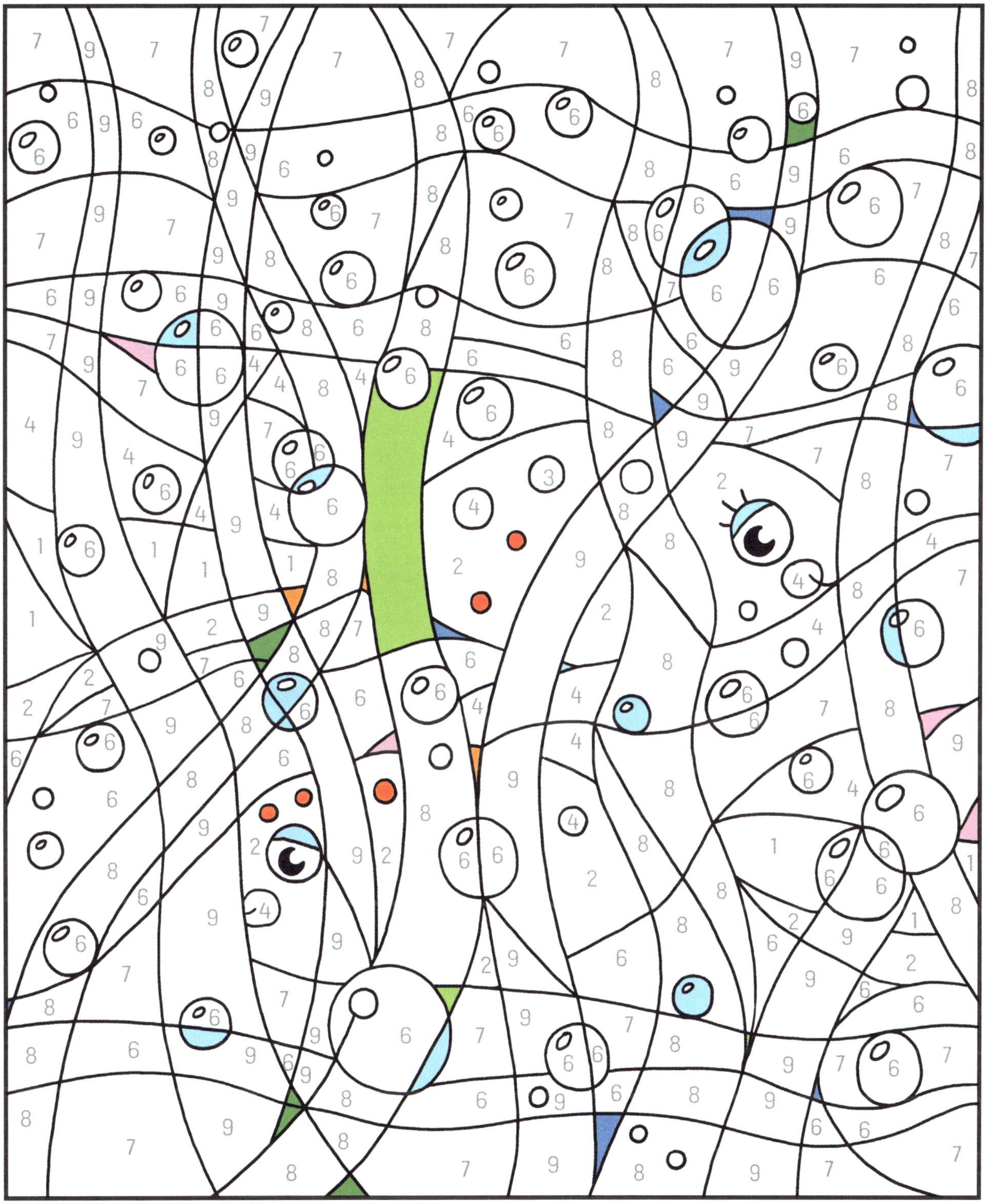

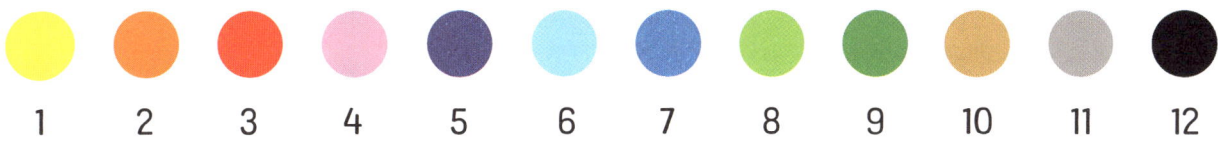

MELONEN-ABC

ABCDEFG
HIJKLMN
OPQRSTU
VWXYZ

Wassermelonen sind eine tolle Erfrischung an heißen Ferientagen!
Übe hier das Melonen-ABC und schreibe eine saftige Botschaft auf die nächste Seite.

M

A ....

....

HI!

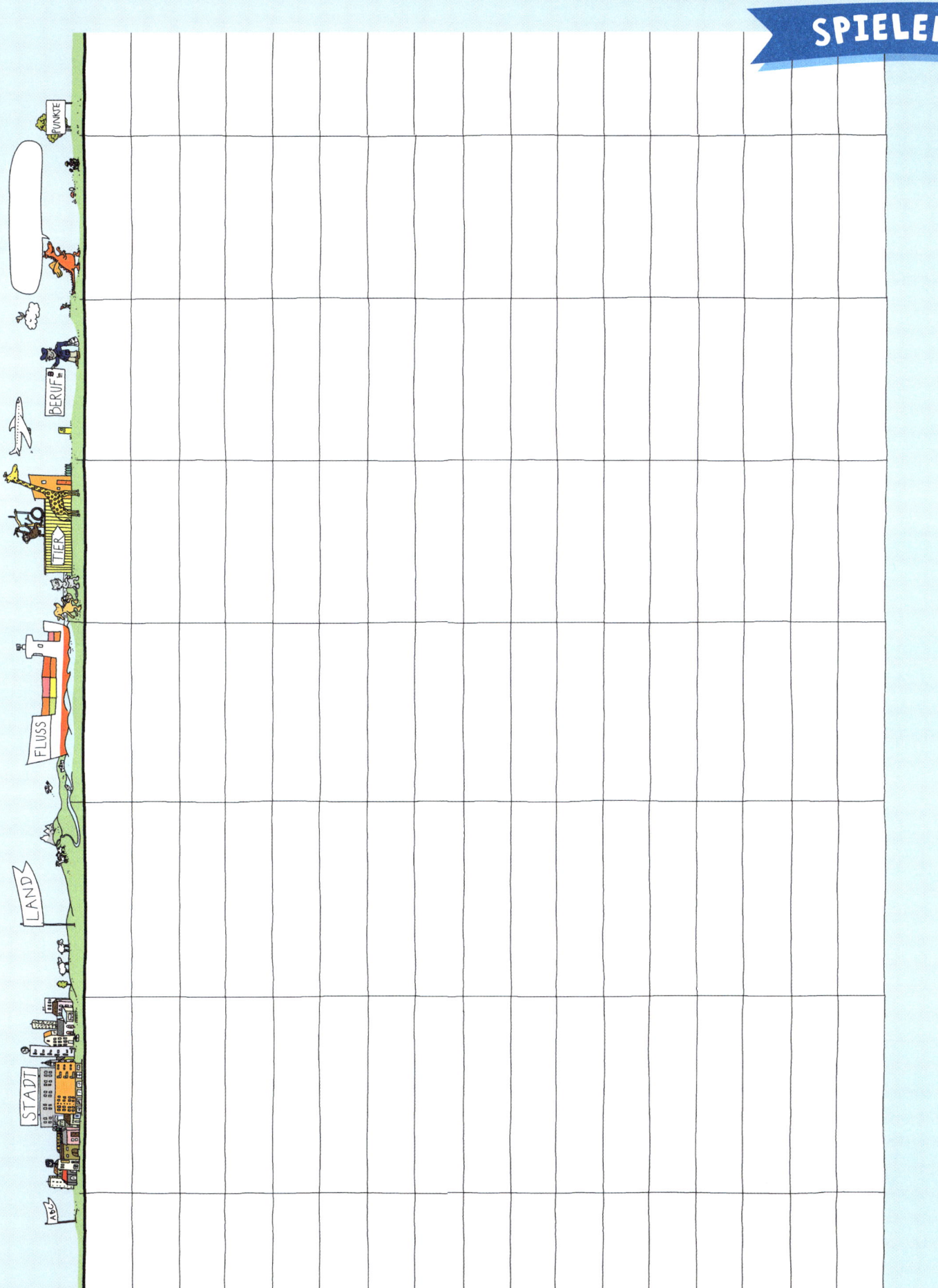

Alle Spielanleitungen findest du ganz hinten im Buch.

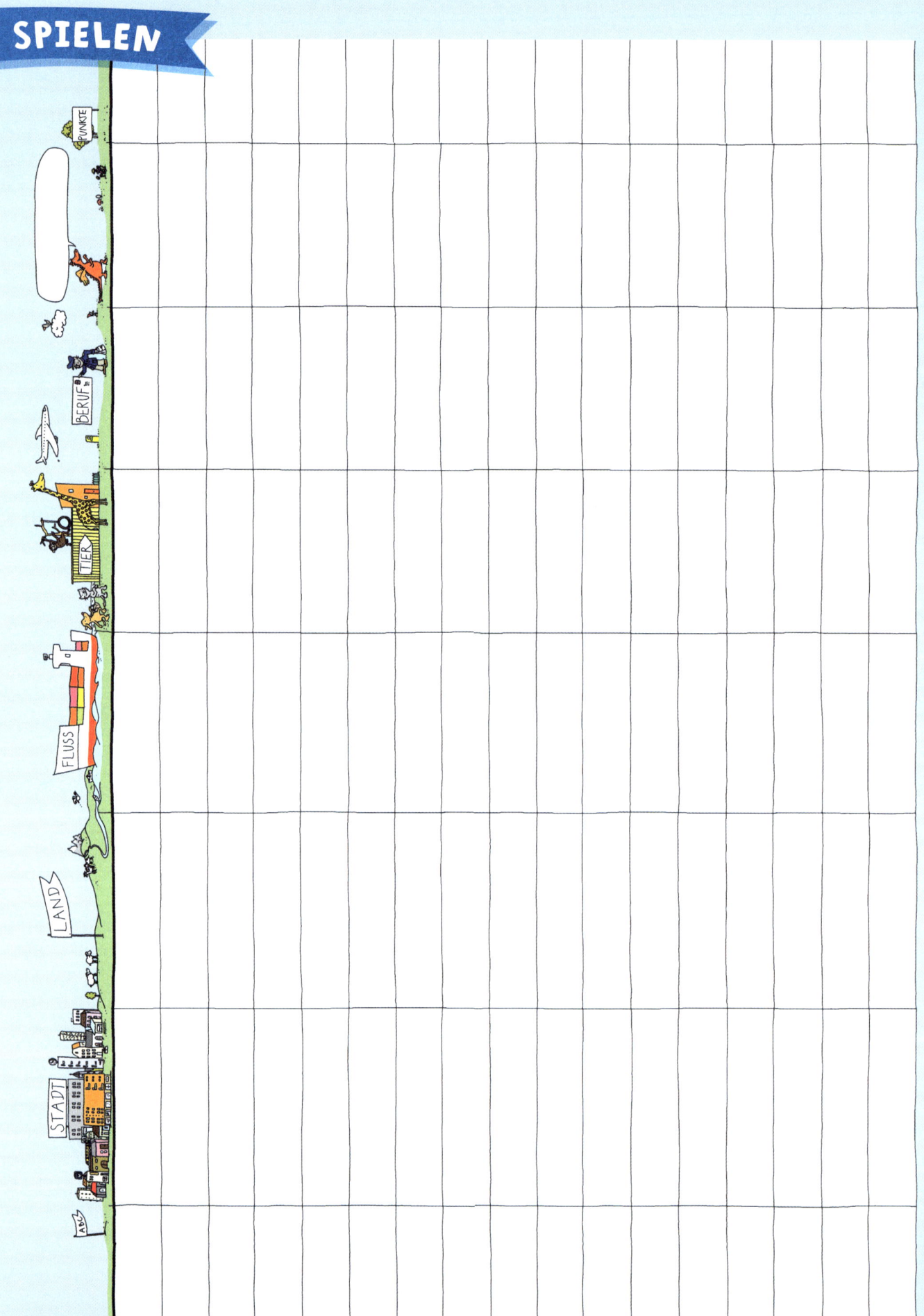

Alle Spielanleitungen findest du ganz hinten im Buch.

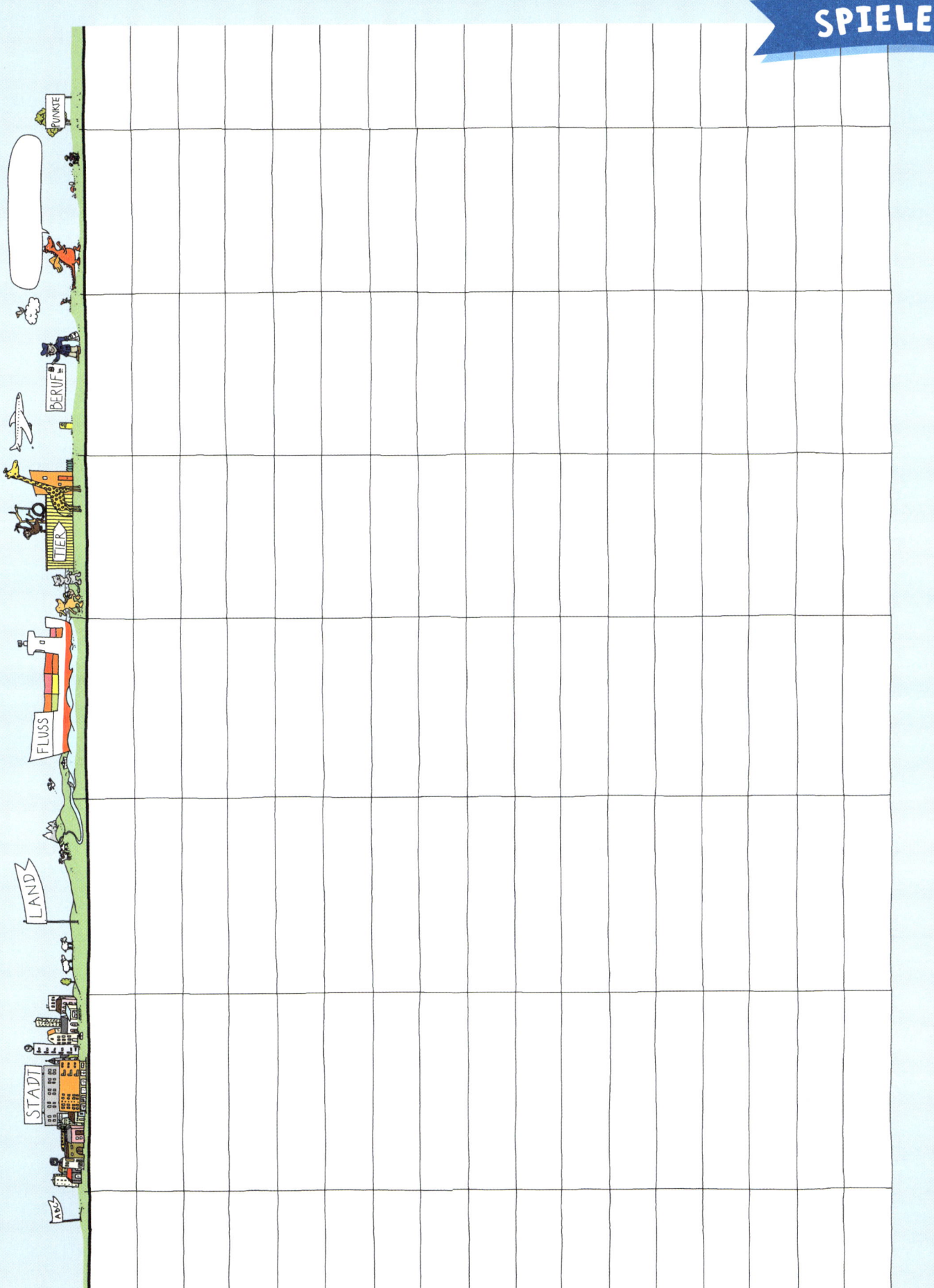

Alle Spielanleitungen findest du ganz hinten im Buch.

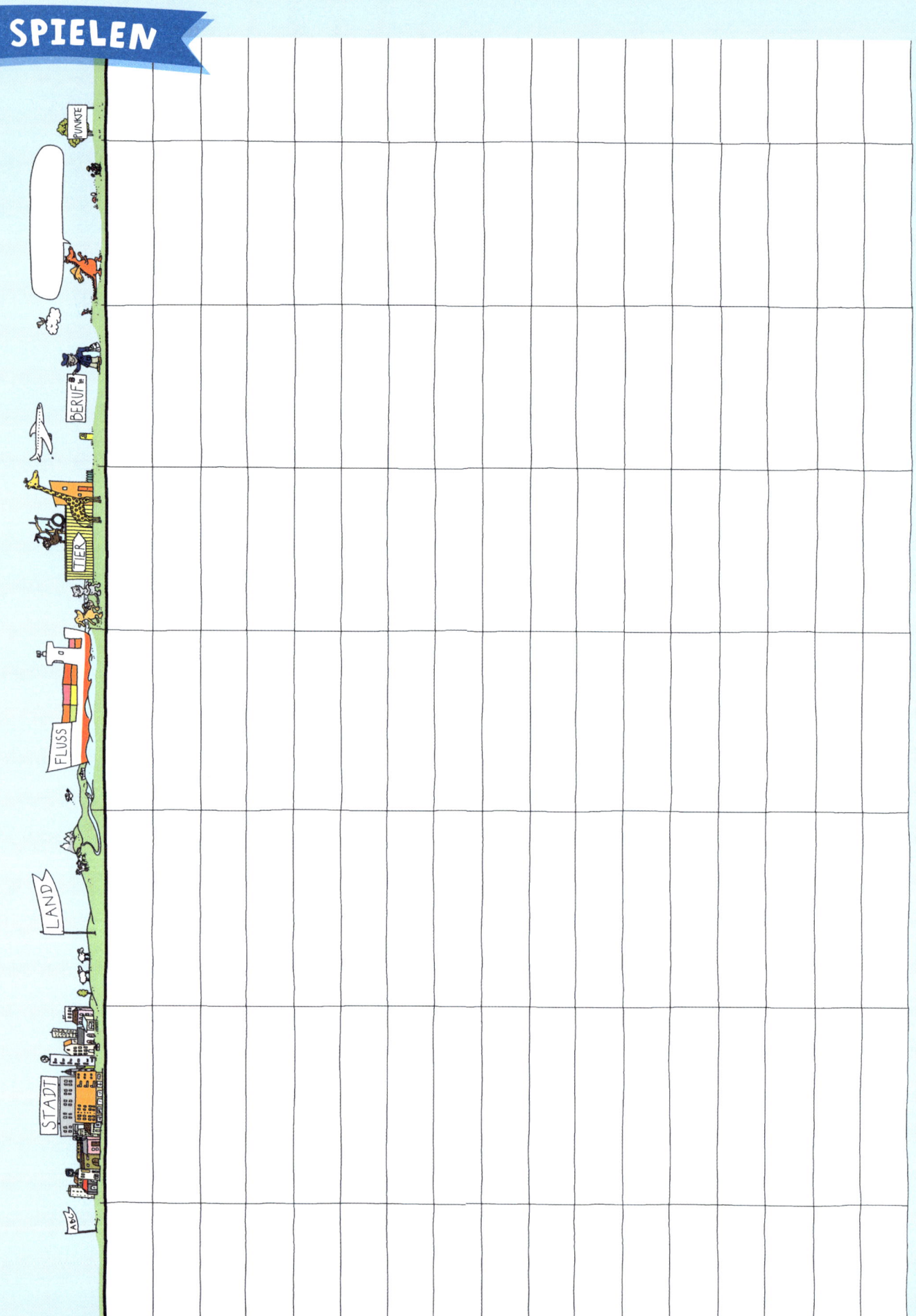

SPIELEN

PUNKTE **BERUF** **TIER** **FLUSS** **LAND** **STADT**

Alle Spielanleitungen findest du ganz hinten im Buch.

WÜRFEL-SPASS

DU BRAUCHST:
1 Würfel, Zettel, Stift

Ihr **würfelt** nacheinander. Alle dürfen so oft würfeln, wie sie möchten, und dabei Punkte (= Augenzahl) sammeln. Wird jedoch eine 1 gewürfelt, werden alle Punkte dieser Runde gestrichen und die **nächste Person** ist an der Reihe. Das heißt, man muss sich gut überlegen, ob man noch einen Wurf wagt oder lieber die bisher gesammelten Punkte aufschreiben will. Entscheidet sich die Person entgegen einen erneuten Wurf und für die Punkte, gibt sie die Würfel weiter. Wer zuerst **100 Punkte** gesammelt hat, hat gewonnen.

WACKELSTAPEL

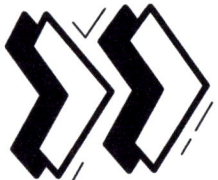

AB 2 PERSONEN

DU BRAUCHST:
Glasflasche ohne Deckel, Streichhölzer

Ihr tretet entweder als zwei Spielende oder in zwei Teams gegeneinander an. Jeweils abwechselnd legt ihr ein **Streichholz** oben auf die Flasche.
Auf diese Weise entsteht ein **»Wackelstapel«** auf dem Flaschenhals. Wenn sich die Streichhölzer nur bewegen, ist das kein Problem. Wichtig ist, dass dabei keine Streichhölzer herunterfallen, die bereits auf der Flasche gelegen sind. Das Team, das zuerst einen Verlust verursacht, hat verloren oder bekommt einen **Strafpunkt**.

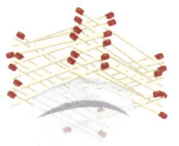

Hier sind eine ruhige Hand und Geschicklichkeit gefragt!

EISZEIT

Welche leckere Sorte versteckt sich in jedem Eisbecher?
Bringe die Buchstaben in die richtige Reihenfolge
und schreibe die Sorte darunter.

LÖSUNGEN

VANILLE

KIWI

ERDBEERE

SCHOKOLADE

ZITRONE

NUSS

NATUR UND TIERE

1. Was für ein Tier ist der Große Tümmler?

- ○ a) Schmetterling
- ○ b) Großkatze
- ○ c) Vogel
- ○ d) Delfin

2. Was wird gezählt, um das Alter eines Baumes zu bestimmen?

- ○ a) Stundenketten
- ○ b) Wochenblätter
- ○ c) Monatskronen
- ○ d) Jahresringe

3. Welches Tier hat eine schwarze Haut?

- ○ a) Eisbär
- ○ b) Rotfuchs
- ○ c) Grünfink
- ○ d) Eidechse

4. Welches Reptil zählt zu den Riesenschlangen?

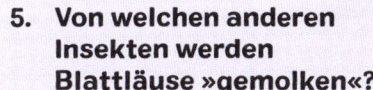

- ○ a) Kreuzotter
- ○ b) Netzpython
- ○ c) Ringelnatter
- ○ d) Königskobra

5. Von welchen anderen Insekten werden Blattläuse »gemolken«?

- ○ a) von Ameisen
- ○ b) von Bienen
- ○ c) von Marienkäfern
- ○ d) von Fliegen

6. Welche Pflanze ist ein Fleischfresser?

- ○ a) Tassenpflanze
- ○ b) Topfpflanze
- ○ c) Kannenpflanze
- ○ d) Karaffenpflanze

7. Welches dieser Tiere hält einen Winterschlaf?

- ○ a) Walross
- ○ b) Weißstorch
- ○ c) Murmeltier
- ○ d) Nashorn

8. Welcher ist der größte Vogel der Welt?

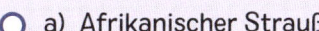

- ○ a) Afrikanischer Strauß
- ○ b) Zaunkönig
- ○ c) Riesen-Fischuhu
- ○ d) Steinadler

9. Welche Pflanze trägt eine Krone?

- ○ a) Farn
- ○ b) Moos
- ○ c) Baum
- ○ d) Schilf

10. In welcher Formation fliegen Wildgänse?

- ○ a) N-Formation
- ○ b) Z-Formation
- ○ c) P-Formation
- ○ d) V-Formation

11. Welche Säugetiere legen Eier?

- ○ a) Waldelefanten
- ○ b) Kloakentiere
- ○ c) Berglöwen
- ○ d) Seehunde

12. Welche Spinne ist sehr giftig?

- ○ a) Strohwitwe
- ○ b) Schwarze Witwe
- ○ c) Lustige Witwe
- ○ d) Witwe Bolte

LÖSUNGEN

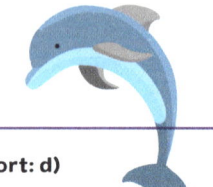

1. Richtige Antwort: d)

Der Große Tümmler gehört zur Familie der Delfine. Es gibt etwa 40 verschiedene Delfinarten, aber der Große Tümmler ist der typischste Delfin von allen. Der Große Tümmler und alle anderen Delfine gehören zur Ordnung der Wale und sind – wie wir Menschen – Säugetiere. Übrigens: Wusstest du, dass Delfine nur mit einer Gehirnhälfte schlafen und beim Schlafen stets ein Auge geöffnet lassen?

2. Richtige Antwort: d)

Jahresringe nennt man die ringförmige Maserung im Querschnitt eines Baumstamms. Die Jahresringe spiegeln das Leben des Baumes wider und zeigen, wenn er sein Baumleben im Winter ruhiger angegangen ist und wenn er im Anschluss an den Winter das Frühholz gebildet hat. Durch das Zählen der Jahresringe kann man das Alter eines Baumes recht genau bestimmen.

3. Richtige Antwort: a)

Der Eisbär hat ein weißes Fell, aber seine Haut ist schwarz. Da er in der Region um den Nordpol herum lebt, kommt ihm die schwarze Haut zugute. Sie nimmt die Wärme der Sonnenstrahlen viel besser auf als helle Haut. Die Haut ist aber erst bei den ausgewachsenen Eisbären schwarz, bei den Eisbärjungen ist sie noch rosa. Eisbären sind die größten an Land lebenden Raubtiere.

4. Richtige Antwort: b)

Der Netzpython ist eine ungiftige, aber dennoch gefährliche Schlange. Er tötet seine Beute, indem er diese fest umschlingt. Deshalb zählt man ihn nicht nur zu den Riesenschlangen, sondern auch zu den Würgeschlangen. Der Netzpython wird normalerweise zwischen vier und sechs Meter lang, kann aber in Ausnahmefällen noch größer werden.

5. Richtige Antwort: a)

Ameisen sind ganz wild auf die süßen Ausscheidungen der Blattläuse. Deshalb werden die Blattläuse von Ameisen gemolken. Im Gegenzug werden die Pflanzenschädlinge vor ihren Fressfeinden geschützt. Zu den größten Fressfeinden der Blattläuse zählt der Marienkäfer. Er begnügt nicht sich damit, die Blattläuse zu melken, sondern er frisst sie auf.

6. Richtige Antwort: c)

Es gibt über 100 Arten von Kannenpflanzen. Gemeinsam ist allen Kannenpflanzen, dass sie Insekten in einen Behälter locken, der wie eine Kanne aussieht. Fällt das Insekt in die Flüssigkeit, die in der Kanne enthalten ist, wird es innerhalb weniger Tage verdaut. Kannenpflanzen sind also fleischfressende Pflanzen.

7. Richtige Antwort: c)

Das Murmeltier ist ein großes Nagetier, das einen Winterschlaf hält, der zwischen sechs und neun Monaten dauern kann. Daher stammt die Redewendung »schlafen wie ein Murmeltier«. In den warmen Monaten fressen sich die Murmeltiere das Fett an, von dem sie dann während des Winterschlafs zehren.

8. Richtige Antwort: a)

Der Afrikanische Strauß ist ein Laufvogel, der 2,50 Meter hoch und über 100 Kilogramm schwer werden kann. Der Strauß kann zwar nicht fliegen, aber dafür sehr schnell laufen – er erreicht eine Geschwindigkeit von bis zu 70 Stundenkilometer. Ein Straußenei wiegt bis zu zwei Kilogramm. Und noch ein Rekord: Die Augen des Afrikanischen Straußes haben einen Durchmesser von etwa fünf Zentimetern!

9. Richtige Antwort: c)

Ja, ein Baum trägt eine Krone. Als Baumkrone bezeichnet man nämlich den Teil des Baumes, der sich oben am Baumstamm befindet, also das Gebilde aus Ästen und Zweigen. Die Krone eines Baumes ist der Lebensraum für viele Tiere, zum Beispiel für Vögel und Eichhörnchen.

10. Richtige Antwort: d)

Wildgänse und andere große Zugvögel fliegen in einer V-Formation. Diese Formation heißt so, weil sie wie der Buchstabe V aussieht. Man nennt sie auch Keilformation. Sie sorgt für einen geringeren Luftwiderstand beim Fliegen und hilft den Vögeln, Energie zu sparen – so können sie weitere Strecken zurücklegen. Die Vögel wechseln untereinander ab, sodass immer wieder ein anderer an der Spitze fliegt.

11. Richtige Antwort: b)

Die Kloakentiere sind die einzigen Säugetiere auf der ganzen Welt, die Eier legen. Denn normalerweise bringen Säugetiere ihre Jungen lebend zur Welt. Zu den Kloakentieren gehören die Ameisenigel sowie das Schnabeltier. Die Kloakentiere leben in Australien und Neuguinea. Kloakentiere heißen so, weil bei ihnen Darm, Harnleiter und Geschlechtsorgan in einer einzigen Öffnung, der Kloake, münden.

12. Richtige Antwort: b)

Die Echten Witwen sind eine Spinnengattung mit über 30 Spinnenarten. Besonders giftig ist die Schwarze Witwe. Aber keine Bange: Nur sehr wenige Menschen sterben am Biss einer Schwarzen Witwe. Sie hat einen schwarzen Körper, der meistens rot, manchmal aber auch in anderen Farben gefleckt ist.

SEI DU SELBST!
ALLE ANDEREN
GIBT ES SCHON.

NATUR-REGENBOGEN

Es gibt so viele Farben in der Natur. Versuche, passend zu jeder Farbe dieses Farbkreises Gegenstände (wie z. B. Blüten, Gräser oder Blätter) auf deinem Spaziergang zu finden, und lege sie auf das jeweilige Farbfeld. Pflücke aber nur ganz vorsichtig so viele Pflanzen, wie du brauchst.

REGENBOGENSPAZIERGANG

GRUPPEN-SPIEL

Jemand von euch bestimmt eine Farbe, alle anderen suchen während des Spaziergangs, ob sie etwas in dieser Farbe entdecken. Wer zuerst etwas findet, darf die nächste Farbe bestimmen.

WELCHES TIER BIN ICH?

Beide Spielenden suchen sich ein Tier aus (z. B. Eichhörnchen), das sie aber für sich behalten. Eine Person stellt Ja/Nein-Fragen, um das Tier der anderen herauszufinden. Gleichzeitig versucht die andere Person, mit ihren Fragen das Tier der ersten Person zu erraten. Wer das Tier des anderen Spielenden zuerst erraten hat, gewinnt.

MONSTERSCHLEIM

DU BRAUCHST:
1 Tasse Wasser,
grüne Lebensmittelfarbe,
3 Tassen Speisestärke,
2 leere Marmeladengläser

Schütte zuerst **das Wasser** in eine Schüssel und gib ein paar Tropfen Lebensmittelfarbe hinzu. Dann fügst du nach und nach **Speisestärke** hinzu und rührst fleißig um, bis ein zähflüssiger Schleim entsteht. Wird der **Schleim** zu fest, einfach etwas mehr Wasser dazugeben. Er wirkt fast fest, aber wenn du ihn in die Hand nimmst, wird er flüssig. Gib den Schleim in Gläser, so hält er länger und kann auch transportiert werden.

STELLE DEN SCHLEIMIGSTEN ALLER SCHLEIME HER!

GEHEIMCODES

Spürnasen und angehende Detektive aufgepasst! Hier kommen zwei TOP-SECRET-Geheimsprachen für euch.

TRENN-CODE

Nimm die zu kodierende Nachricht und verschiebe immer den letzten Buchstaben eines Wortes an den Anfang des nächsten Wortes. Dadurch wird das Wortbild im ersten Blick entfremdet.

> **Beispiel:** Geheim bleibt geheim
> gehei mbleib tgeheim

Natürlich kannst du es noch schwieriger machen, wenn du zwei Buchstaben des zweiten Wortes an das erste hängst.

ALPHABET-CODE

Als Erstes schreibst du das ganze Alphabet in einer Reihe auf. Direkt darunter schreibst du das Alphabet noch einmal hin, aber nun beginnend mit Z:

A B C D E F G H I J K L M N O P Q R S T U V W X Y Z
Z Y X W V U T S R Q P O N M L K J I H G F E D C B A

Das Wort »GEHEIM« würde dann so aussehen: »TVSVRN«.
Die richtigen Buchstaben werden einfach durch die dem unteren Alphabet ersetzt.

MUSTER-ABC

ABCDEFGHI
JKLMNOPQRS
TUVWXYZ

Hauptsache bunt und gemustert! Übe die Buchstaben hier und hinterlasse eine fröhliche Botschaft auf der nächsten Seite.

Z

A

J

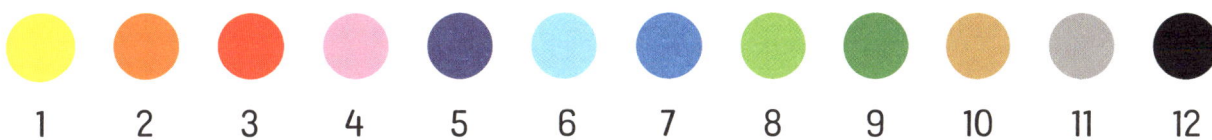

GESCHICHTE, POLITIK & RELIGION

1. Wo herrschten vor mehreren Jahrtausenden die Pharaonen?

- a) in Japan
- b) in Griechenland
- c) in Ägypten
- d) in Mexiko

2. Welche Fischspeise wurde nach einem deutschen Politiker benannt?

- a) Backfisch
- b) Bismarckhering
- c) Rollmops
- d) Forelle blau

3. Aus welchem Land stammt Greta Thunberg, die Gründerin von »Fridays for Future«?

- a) Schweden
- b) Schweiz
- c) Lettland
- d) Dänemark

4. Wann feiern die Amerikaner ihren Unabhängigkeitstag?

- a) am 2. Mai
- b am 4. Juli
- c) am 1. August
- d) am 3. Oktober

5. Welches Wort bedeutet übersetzt Volksherrschaft?

- a) Parlament
- b) Präsident
- c) Demokratie
- d) Bundeskanzler

6. Die Kaaba in Mekka ist der wichtigste Wallfahrtsort des ...?

- a) Islam
- b) Christentums
- c) Hinduismus
- d) Judentums

7. Wie nannte sich eine Gruppe, die in der Zeit des Nationalsozialismus Widerstand leistete?

- a) Gelbe Rose
- b) Rote Rose
- c) Weiße Rose
- d) Schwarze Rose

8. Welches Schiff sank 1912 nach einem Zusammenstoß mit einem Eisberg?

- a) Titanic
- b) Gorch Fock
- c) Bounty
- d) Arche Noah

9. Wer gilt als Erfinder des gewaltlosen Widerstands?

- a) George Washington
- b) Andreas Hofer
- c) Mahatma Gandhi
- d) Che Guevara

10. Welches »Ei« steht für die einfache Lösung einer schwierigen Aufgabe?

- a) Ei des Einstein
- b) Ei des Edison
- c) Ei des Goethe
- d) Ei des Kolumbus

11. Welche Organisation setzt sich für den Schutz der Menschenrechte ein?

- a) Amnesty International
- b) WWF
- c) NABU
- d) Greenpeace

12. Wodurch wurde im Jahr 79 die römische Stadt Pompeji zerstört?

- a) Großfeuer
- b) Vulkanausbruch
- c) Erdbeben
- d) Sturmflut

LÖSUNGEN

1. Richtige Antwort: c)

Im alten Ägypten wurden die Könige Pharaonen genannt. Einer der berühmtesten Pharaonen war Ramses II. Er herrschte 66 Jahre lang in Ägypten, nämlich von 1279 bis 1213 vor Christus. Auch Kleopatra VII. ist sehr bekannt. Sie war von 51 bis 30 vor Christus ein weiblicher Pharao. Kleopatra war die Geliebte des römischen Herrschers Julius Caesar.

2. Richtige Antwort: b)

Der Bismarckhering ist ein Heringslappen, der in eine saure Marinade eingelegt wurde. Seinen Namen hat er vom deutschen Reichskanzler Otto von Bismarck, der von 1815 bis 1898 lebte. Er soll einmal gesagt haben: »Wenn Heringe genauso teuer wären wie Kaviar, würden sie die Leute weitaus mehr schätzen.«

3. Richtige Antwort: a)

Greta Tintin Eleonora Ernman Thunberg kam 2003 in der schwedischen Hauptstadt Stockholm zur Welt. 2018 – als 15-Jährige – begann Greta Thunberg ihren ersten Schulstreik für das Klima. Daraus hat sich innerhalb kürzester Zeit die weltweite Bewegung »Fridays for Future« entwickelt, die sich für den Klimaschutz einsetzt.

4. Richtige Antwort: b)

Am 4. Juli 1776 erklärten die dreizehn britischen Kolonien in Nordamerika ihre Unabhängigkeit von Großbritannien. Der 4. Juli wird deshalb in den USA jedes Jahr als Independence Day – Unabhängigkeitstag – gefeiert. Die Unabhängigkeitserklärung wurde zum größten Teil von Thomas Jefferson verfasst, der später der dritte Präsident der USA wurde.

5. Richtige Antwort: c)

Das Wort Demokratie stammt aus dem Griechischen und bedeutet »Volksherrschaft«. In einer Demokratie kann das Volk selbst entscheiden, was im Land geschehen soll. Zumindest kann es Regierungen wählen und abwählen.

6. Richtige Antwort: a)

Die Kaaba in der saudi-arabischen Stadt Mekka ist der wichtigste Wallfahrtsort des Islam. Es handelt sich dabei um ein Gebäude im Innenhof der al-Haram-Moschee in Mekka. Eine Pilgerfahrt nach Mekka wird im Islam Haddsch genannt. Jeder Moslem, der dazu in der Lage ist, soll einmal in seinem Leben eine Haddsch zur Kaaba unternehmen.

7. Richtige Antwort: c)

Die »Weiße Rose« war eine der wenigen Gruppen, die in Deutschland Widerstand leisteten, während die Nationalsozialisten herrschten. Die Gruppe bestand großteils aus Studenten. Bekannte Mitglieder waren unter anderem die Geschwister Hans und Sophie Scholl. Beide wurden im Jahr 1943 wegen ihrer Aktivitäten in der »Weißen Rose« hingerichtet.

8. Richtige Antwort: a)

Die Titanic war bei ihrer Fertigstellung am 2. April 1912 das größte Schiff der Welt. Sie sank auf ihrer Jungfernfahrt am 15. April 1912, nachdem sie einen Eisberg gerammt hatte. Von den über 2200 Menschen an Bord konnten nur 710 gerettet werden. Von den Frauen wurden drei Viertel gerettet, von den Kindern die Hälfte und von den Männern ein Fünftel.

9. Richtige Antwort: c)

Mahatma Gandhi lebte von 1869 bis 1948. Er war ein indischer Rechtsanwalt und erfand den gewaltlosen Widerstand gegen die britischen Besatzer. Unter anderem rief er zu einem Salzmarsch gegen das britische Salzmonopol auf. Durch den gewaltlosen Widerstand gelang es ihm, Indien im Jahr 1947 in die Unabhängigkeit zu führen. Am 30. Januar 1948 fiel Gandhi einem Attentat zum Opfer.

10. Richtige Antwort: d)

Als gegenüber dem Seefahrer Christoph Kolumbus jemand behauptete, die Entdeckung Amerikas hätte doch jeder machen können, bat Kolumbus die Anwesenden, ein gekochtes Ei auf der Spitze aufzustellen. Das gelang niemandem. Er nahm das Ei, drückte die Spitze ein und stellte das Ei auf. So zeigte er ihnen, dass es einen Unterschied gibt zwischen »hätte machen können« und »tatsächlich machen«.

11. Richtige Antwort: a)

Amnesty ist eine Organisation, die sich für den Schutz der Menschenrechte einsetzt. Die Organisation wurde 1961 von einem englischen Rechtsanwalt namens Peter Benenson gegründet. Sie hat ihren Sitz in London. 2018 wurde der Südafrikaner Kumi Naidoo Generalsekretär von Amnesty International.

12. Richtige Antwort: b)

Im Jahr 79 brach der Vulkan Vesuv aus. Bei diesem Vulkanausbruch wurden mehrere römische Orte verschüttet, unter anderem Pompeji. Durch die Vulkanasche wurden die Orte konserviert. Pompeji zählt deshalb zu den am besten erhaltenen Ruinen-Städten der Antike. Mit den ersten wissenschaftlichen Ausgrabungen wurde im 18. Jahrhundert begonnen.

HANGMAN

Alle Spielanleitungen findest du ganz hinten im Buch.

HANGMAN

Alle Spielanleitungen findest du ganz hinten im Buch.

SUDOKU

1

			5				3	4
	5		6	2				
9	8	7		4	3			2
4		1	2		5			8
	3	9	8			4	5	
5		8	3			2		7
7		3		5		9	8	1
		6			1			
1	9				2	6	4	

2

	2		3				9	
4	3	5		1	9	6		2
		9			4		7	3
		6		2				4
	6	4		7		9	2	
9	5	2	4		8		1	
8	4		5			1		
5		3	8	6		2		7
	7			4			6	

_____min

3

	2	4		9		6		7
6			2		5	4		
		8	4	6			9	
1			7			5	3	
7	3		6		4			1
	5	2			9			4
	8	5		7	6	1	2	
		3	1	4		8		5
2				8		9		

4

	1				9		7	
9	5	7	2	8		3		4
			7	3	5			8
3		2			4	7		
	4	5	6		8	1	9	
		8			7	4		2
6			9	5	2		4	
5				7	3			9
	7		8				3	

_____min

_____min

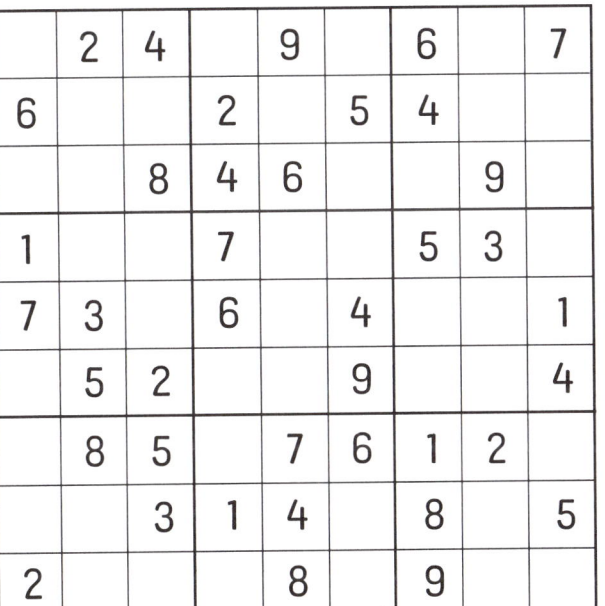

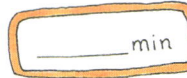

LÖSUNGEN

1

6	1	2	5	7	9	8	3	4
3	5	4	6	2	8	1	7	9
9	8	7	1	4	3	5	6	2
4	7	1	2	6	5	3	9	8
2	3	9	8	1	7	4	5	6
5	6	8	3	9	4	2	1	7
7	2	3	4	5	6	9	8	1
8	4	6	9	3	1	7	2	5
1	9	5	7	8	2	6	4	3

2

7	2	8	3	5	6	4	9	1
4	3	5	7	1	9	6	8	2
6	1	9	2	8	4	5	7	3
1	8	7	6	9	2	3	5	4
3	6	4	1	7	5	9	2	8
9	5	2	4	3	8	7	1	6
8	4	6	5	2	7	1	3	9
5	9	3	8	6	1	2	4	7
2	7	1	9	4	3	8	6	5

3

3	2	4	8	9	1	6	5	7
6	9	7	2	3	5	4	1	8
5	1	8	4	6	7	3	9	2
1	4	6	7	2	8	5	3	9
7	3	9	6	5	4	2	8	1
8	5	2	3	1	9	7	6	4
4	8	5	9	7	6	1	2	3
9	6	3	1	4	2	8	7	5
2	7	1	5	8	3	9	4	6

4

8	1	3	4	6	9	2	7	5
9	5	7	2	8	1	3	6	4
4	2	6	7	3	5	9	1	8
3	9	2	5	1	4	7	8	6
7	4	5	6	2	8	1	9	3
1	6	8	3	9	7	4	5	2
6	3	1	9	5	2	8	4	7
5	8	4	1	7	3	6	2	9
2	7	9	8	4	6	5	3	1

STEMPELSPASS

DU BRAUCHST:
Kartoffeln, Plätzchen-Ausstecher, Messer, Acrylfarbe, Stoff oder Papier zum Bestempeln

Halbiere zuerst die **Kartoffeln.** Dann drückst du mittig einen Plätzchen-Ausstecher in die Schnitt-fläche. Mit einem Messer schneidest du vorsichtig den Rand rings um dein Motiv weg. Lass dir dabei am besten von einem Erwachsenen helfen. Pinsle deinen **Kartoffelstempel** mit etwas Acrylfarbe ein und stemple los! **Stoff, Papiertüten, Postkarten** lassen sich so supereinfach verschönern!

Geheime Zeitkapsel

BAUE DIR EINE ZEITKAPSEL UND VERSTECKE SIE AN EINEM GEHEIMEN ORT.

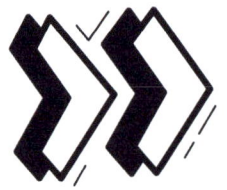

DU BRAUCHST:
Dose mit Deckel

Befülle die Dose mit **Erinnerungen** wie z. B. Spielzeug, Fotos, Verpackungen und Etiketten von beliebten Nahrungsmitteln. Lass sogar das Preisschild dran. Auch gut sind z. B. eine Tageszeitung oder dein **Lieblingsmagazin,** Münzen oder ein gemaltes Selbstporträt. Besonders toll ist ein Brief an dich selbst. Beschreibe dein tägliches Leben, deine ganz normalen täglichen Aktivitäten, deine **Hobbys** und was du später mal werden willst.

Dann suchst du dir ein Versteck. Ein richtig gutes Versteck! Wenn du deine **Zeitkapsel** irgendwo draußen verwahrst, ob vergraben oder über der Erde, mach am besten ein Foto von dem Ort.

In **10 oder 20 Jahren** kehrst du dann zu dem Ort zurück, und deine Zeitkapsel wird dir vorkommen wie ein Schatz aus einer anderen Zeit!

HANGMAN

Ihr braucht die »Hangman«-Vorlage und einen Stift. Eine Person denkt sich ein langes, ungewöhnliches Wort aus und markiert die Anzahl der Buchstaben, indem sie die überschüssigen Kästchen durchstreicht. Um das Wort zu erraten, nennen alle anderen der Reihe nach Buchstaben. Fangt mit häufig vorkommenden Buchstaben wie Vokalen (a, e, i, o, u) an.

Kommt der Buchstabe in dem Wort vor, trägt Person 1 ihn an den richtigen Stellen in die Kästchen ein. Kommt der Buchstabe nicht vor, beginnt sie, den Galgen und dann das Männchen an den Galgen nachzuzeichnen: je Buchstabe einen Strich, Kreis oder Punkt (Galgen, Strick, Kopf, Gesicht, Körper, Arme und Beine). Das Spiel ist aus, wenn entweder das Galgenmännchen vollständig nachgemalt oder der Begriff erraten wurde.

TIC TAC TOE

Sucht euch die passende Karte heraus und spielt gleich mehrere Spiele nacheinander. Wer die meisten Spiele gewonnen hat, ist der oder die Gesamtsieger:in.

Macht abwechselnd euer Zeichen (Kreuz oder Kreis) in ein freies Feld. Wer zuerst drei Zeichen in eine Zeile, Spalte oder Diagonale setzen kann, gewinnt.

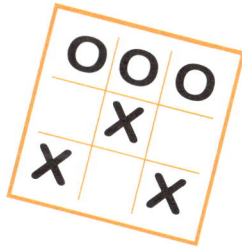

STADT, LAND, FLUSS

Ihr braucht je eine »Stadt, Land, Fluss«-Vorlage und einen Stift. Denkt euch weitere Kategorien für die leere Spalte aus (z. B. Star, Gericht, Name). Um einen Buchstaben zu ermitteln, mit dem gespielt wird, geht eine Person still das ABC durch und eine weitere Person sagt »Stopp«. Person 1 nennt den Buchstaben, den sie gerade im Kopf vor sich hingesagt hat. Hattet ihr den Buchstaben schon, gibt es einen neuen ABC-Durchgang. Überlegt euch nun schnell Begriffe mit dem ermittelten Anfangsbuchstaben und schreibt sie in die Vorlage. Wer zuerst alle Spalten ausgefüllt hat, ruft »Stopp!«, und alle müssen sofort aufhören zu schreiben.

Ihr erhaltet 5 Punkte, wenn mehrere Personen denselben Begriff aufgeschrieben haben, 10 Punkte, wenn euer Begriff von niemandem sonst genannt wurde, und 20 Punkte, wenn ihr als einzige Person eine Antwort in dieser Kategorie notiert habt.

KÄSEKÄSTCHEN

Ihr braucht zwei unterschiedlich farbige Stifte. Sucht euch die »Käsekästchen«-Vorlage heraus und wählt ein Spielfeld aus. Eine Person zeichnet mit ihrer Farbe einen Strich an einer beliebigen Seite eines Kästchens ein. Die nächste Person macht dasselbe mit ihrer Farbe. Gelingt es einer Person, ein Kästchen mit dem vierten Strich zu schließen, darf sie ein Kreuz in ihrer Farbe hineinsetzen, auch wenn die anderen Seiten vom Gegner markiert sind. Schließt ein Strich zwei Felder, werden beide angekreuzt. Dieselbe Person ist so lange an der Reihe, bis sie keine Kästchen mehr schließen kann. Sind alle Kästchen umrandet, zählt ihr, wer die meisten Felder für sich beanspruchen konnte.

Tipp: Verhindert durch eure Striche, dass ein Gegner ein Feld schließen kann.

 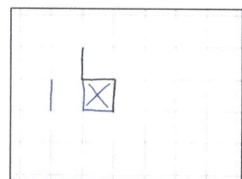

4 GEWINNT

Zunächst braucht ihr die »4 gewinnt«-Vorlage und jeder einen Stift. Dann wird abwechselnd ein Stein »eingeworfen«. Das heißt, ihr dürft abwechselnd ein Feld in eurer Farbe ausmalen – allerdings dürfen diese nicht in der Luft schweben, sondern müssen am unteren Rand anfangen. Erst wenn in der ersten Reihe ein Feld ausgemalt ist, darf das Feld darüber angemalt werden, usw.

Wer zuerst vier zusammenhängende Kästchen in einer Reihe ausgemalt hat (diagonal, waagerecht oder senkrecht), gewinnt.

SCHIFFE VERSENKEN

Ihr braucht je eine »Schiffe versenken«-Vorlage und einen Stift. Zeichnet eure eigene Flotte ein, indem ihr die entsprechende Anzahl Kästchen waagerecht oder senkrecht umrundet, ohne dass die Schiffe sich berühren.

Achtet darauf, dass ihr euch nicht gegenseitig auf die Karte sehen könnt. Anzahl und Größe der Schiffe werden vorher vereinbart (z. B. 5 Einer-, 4 Zweier-, 3 Dreier-, 2 Vierer- und 1 Fünfer-Schiff(e)). Je weniger Schiffe, desto schwieriger wird es! Nun fragt ihr abwechselnd die Koordinaten ab (z. B. »C9«), um die Schiffe der gegnerischen Person zu finden. Diese antwortet mit »Wasser«, »Treffer« oder »Versenkt«. Bei einem Treffer darf man noch mal raten und sollte die umliegenden Felder abfragen. Sowohl bei der eigenen als auch bei der gegnerischen Flotte müssen alle Treffer mit einem Kreuz und alle abgefragten Wasserfelder mit einem Punkt markiert werden. Wer zuerst alle gegnerischen Schiffe versenkt hat, gewinnt.

Kennst du die schon?

Du möchtest noch mehr von uns kennenlernen?

ISBN 978-3-8458-6165-4

ISBN 978-3-8458-6071-8

GTIN 401448913481 7

© 2025 arsEdition GmbH,
Friedrichstraße 9, D-80801 München
arsedition.de/service
Alle Rechte vorbehalten
Text: Pia Deges, Philip Kiefer
Illustration: Lena Bellermann, Katja Jäger, Dunja Schnabel, Petra Theissen
Gestaltung und Satz: Corinna Babylon
Covergestaltung: Grafisches Atelier, arsEdition
Bildnachweis @stock.adobe.com: 4zevar, alekseyvanin, alenaganzhela, Anastasiia, Andreichenko, angkhan, Animaflora PicsStock, anita-pol, annwaterru, Artnizu, babimu, bennytrapp, Björn Wylezich, Bohdan, bravissimos, brovkoserhii, by-studio, cmnaumann, comicsans, Cornelia Pithart, Darlya, Dionisvera, Dmitry Pichugin, donnadilanga, Dooder, dudlajzov, flas100, Forgem, Giuliano Del Moretto, Good Studio, Hanna, Hanna Syvak, hhelene, Jasmin Merdan, JayHey, Jemastock, Joachim, Juulijs, K.-U. Häßler, kanate, Kanea, Kate K., Larisa, Lena, Lena Balk, LianeM, Liliya, lineartestpilot, Liz, lms_lms, luili, malaha, marabelo, MARIMA, Marina Lohrbach, Marty Kropp, Marumaru, Milano, MissesJones, motorradcbr, nataliahubbert, natalypaint, nyiragongo, Orxan, Patrick Daxenbichler, Phoenixpix, PhotographyByMK, pomolchim, prettygfx, Rawpixel.com, Ruckszio, S_E, schankz, seqoya, SIARHEI, singmuang, smerlot, sudowoodo, Sugey Ilustra, Svenja98, Svetlana, teneresa, Tobias Marx, Tupungato, VertigoBarrov, virtua73, Visual Generation, warasit, WF Seydlbast, Wolfgang Kruck, womue, Xavier, zenina, まるまる
@gettyimages.de: GeorgiosArt, satori13
@istockphoto.com: HYPERLINK „https://www.istockphoto.com/de/portfolio/villagemoon?mediatype=photography"villagemoon
@shutterstock.com: vi73

ISBN 978-3-8458-6035-0
Wir behalten uns die Nutzung unserer Inhalte für Text und
Data Mining im Sinne von § 44b UrhG ausdrücklich vor.
www.arsedition.de

MIX
Papier | Fördert
gute Waldnutzung
FSC® C018236